중국어 기본 동사 응급 처치

윤예람 지음 | 모해연 감수

다락원

들어가는 말

- 첫걸을 마스터 후 다음 단계로 넘어가려는 분
- 손 놓은 중국어를 다시 시작하려는 분
- HSK 준비가 막막하게 느껴지는 분

**포기하지 않고 중국어를 계속 공부해 나갈 수 있게
여러분과 중국어의 가교 역할을 톡톡히 해 드리겠습니다.**

오랜 시간 중국어 강의를 하면서 만난 학습자들에게 가장 많이 들은 이야기 중 하나는 중국어를 처음에는 정말 즐겁게 시작했는데 기초가 끝난 후 다음 단계에서 갑자기 높아진 수준에 당황하고 심지어는 중국어를 포기할까 고민하게 된다는 것이었어요. 또 학업이나 일 때문에 중국어 공부를 지속할 수 없어 오래 쉬었다가 다시 시작하는 분들이 매번 공통적으로 하는 말은 "뭐부터 시작해야 할까요? 너무 막막해요."였어요. 이런 이야기를 들을 때마다 중국어 기초를 복습하면서 다음 단계를 위한 워밍업까지 할 수 있는 '브릿지 단계'의 책을 만들고 싶었습니다.

여러분이 중국어 공부를 계속해 나가길 바라는 응원의 마음으로 만든 『중국어 기본 동사 응급 처치』는 기초부터 HSK 3급 수준의 동사, 그중에서도

1. 여러 가지 뜻을 가지고 있는 동사
2. 품사는 '동사'이지만 문장 안에서 술어가 아닌 다른 문장 성분으로 자주 쓰이는 동사
3. 한자는 같은데 다른 품사로도 쓰이는 동사
4. 우리말 뜻은 같지만 중국어로 전달되는 어감이 다른 동사

등 학습자들이 활용할 때 어렵게 느끼는 기본 동사 60개를 엄선했습니다. 이렇게 뽑은 60개 동사는 모두 HSK 1~3급 필수 어휘입니다.

『중국어 기본 동사 응급 처치』를 공부하면 문장의 중심인 동사를 공부하는 동시에 문장 구조와 어법도 함께 학습되는 일석삼조의 효과를 얻을 수 있습니다. 중국어에 매력을 느끼고, 잘하고 싶은 분들께 이 책이 좋은 선물이 되기를 바랍니다.

저자 윤예람

차례

이 책의 **구성과 활용**

한 단원은 두 페이지로 구성되어 있습니다.

> HSK 급수는 해당 동사가 HSK 몇 급의 필수 어휘인지를 표기한 것입니다.

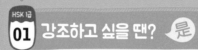

HSK 1급

01 강조하고 싶을 땐? 是

'是'은 '이다'라는 의미 외에 시간, 장소, 방식 등을 강조하는 강조 용법으로도 자주 사용이 되는데요, 이때는 꼭! '的'와 함께 세트로 써 주어야 합니다.

> **응급 처치 문장**에서는 동사의 기본적인 의미와 활용에 대해 학습할 수 있습니다.

🎧

응급 처치 문장

MP3
트랙 번호

1   왕웨이는 어제 온 것입니다.

王伟 是 昨天 来 的。
Wáng Wěi shì zuótiān lái de.
왕웨이   어제   오다
　　　　　　└─── 시간 강조 ───┘

> 책에 제시된 모든 예문은 문장의 구조를 이해할 수 있도록 단어를 의미 단위로 띄어쓰기하여 제시하였습니다.

2   리나는 집에서 영화를 본 것입니다.

李娜 是 在家 看 电影 的。
Lǐ Nà shì zài jiā kàn diànyǐng de.
리나   집에서 보다   영화
　　　　　　└──── 장소 강조 ────┘

주치의 진단

우리가 말할 때 주로 강조하게 되는 부분은 어디일까요? '언제? 어디서? 누구랑? 어떻게? 왜?'와 같은 동작에 더해지는 정보이지요? '是'을 강조하고자 하는 부분 앞에, '的'를 문장 끝에 붙여 주면 그 부분을 강조해 이야기할 수 있어요.

◆ PLUS
'是……的' 구문은 과거에 일어난 사실을 강조하여 전달하는 것이기 때문에 해석 역시 '~한 것이다'로 된다는 것 기억하세요!

12

추가 진료 문장

1 그는 예전에 톈진에서 유학한 것이 아닙니다.

他 之前 不 是 在天津 留学 的。
Tā zhīqián bú shì zài Tiānjīn liúxué de.
그 예전 　 톈진에서 유학하다
　　　　 ↑ 　 └────┬────┘
　　　　 부정 　　방식 강조

> '是' 앞에 '不'를 붙이면? 부정문! 이때는 동작 자체를 부정하는 것이 아니라 강조하는 부분을 부정한다는 것에 주의해 주세요.

2 당신은 리나와 밥을 먹은 것입니까?

你 是 跟李娜 吃 饭 的 吗?
Nǐ shì gēn Lǐ Nà chī fàn de ma?
당신 　 리나와 먹다 밥 　 　
　　　 └──────┬──────┘ 　 ↑
　　　　　 방식 강조 　　　 의문

> 평서문 끝에 '吗'를 붙이면? 의문문!

3 나는 장리와 커피를 마신 것입니다.

我 是 跟张丽 喝 的 咖啡。
Wǒ shì gēn Zhāng Lì hē de kāfēi.
나 　 장리와 마시다 　 커피
　　 └──────┬──────┘
　　　　 방식 강조

> 동사가 일반 명사로 된 목적어를 갖는 경우 '的'는 목적어 앞에 올 수 있는데, 의미상의 차이는 없습니다.

4 우리는 예전에 베이징에서 알게 된 것입니다.

我们 之前 在北京 认识 的。
Wǒmen zhīqián zài Běijīng rènshi de.
'우리 예전 베이징에서 알다
　　　　　　　　　　　 └─┬─┘
　　　　　　　　　　　 강조

> 긍정문에서는 '是'을 생략하고 '的'만 사용하여 강조를 나타낼 수 있어요.

13

이 책의 구성과 활용

확인 학습 10개 단원마다 [확인 학습] 문제를 구성하여 학습 여부를 점검할 수 있게 하였습니다.

01-10과 확인 학습

문제 풀이 강의 바로가기 ▶ **QR 코드**

1 다음 중 틀린 문장을 두 개 고르세요.

① 我跟李娜看电影的。 ② 我是跟李娜看电影的。
③ 我不跟李娜看电影的。 ④ 我是跟李娜看的电影。
⑤ 我跟是李娜看的电影。

2 단어를 배열하여 문장을 완성해 보세요.

没有 / 附近 / 药店 / 我 / 家   우리 집 근처에는 약국이 없습니다.

_____

3 '在椅子上'이 들어갈 자리로 알맞은 것을 고르세요.

A 我 B 坐 C 听 D 音乐 E 。
나는 의자에 앉아 음악을 듣습니다.

① A   ② B   ③ C   ④ D   ⑤ E

4 빈칸에 들어갈 알맞은 단어를 고르세요.

你 [_____] 什么拍照?
당신은 무엇으로 사진을 찍습니까?

① 做   ② 买   ③ 花   ④ 看   ⑤ 用

5 밑줄 친 부분에 주의하여 다음 문장을 바르게 고치세요.

她借给张丽雨伞了。   그녀는 장리에게 우산을 빌렸습니다.

_____

6 단어를 배열하여 문장을 완성해 보세요.

了 / 衣服 / 他 / 一件 / 我 / 送   그는 나에게 옷 한 벌을 선물해 주었습니다.

_____

7 다음 중 '不'가 들어갈 자리로 알맞은 것을 고르세요.

A 医生 B 让 C 我 D 喝 E 凉水 。
의사 선생님께서는 나에게 차가운 물을 마시지 못하게 하십니다.

① A   ② B   ③ C   ④ D   ⑤ E

＊凉水 찬물, 냉수

8 다음 중 '叫'의 의미가 다른 하나를 고르세요.

① 你叫什么名字?   ② 老师叫我明天交作业。
③ 李军, 老板叫你啊。   ④ 你叫我小张好了。
⑤ 我姓金, 叫民国。

9 빈칸에 들어갈 알맞은 단어를 고르세요.

我没吃 [_____] 这么好吃的面包。
나는 이렇게 맛있는 빵을 먹어 본 적이 없습니다.

① 了   ② 着   ③ 走   ④ 过   ⑤ 吧

＊面包 빵

10 다음 문장을 바르게 해석한 것을 고르세요.

我想学汉语。

① 나는 중국어를 배우고 싶습니다.   ② 나는 중국어를 배우려고 합니다.
③ 나는 중국어를 배워야 합니다.   ④ 나는 중국어를 배워도 됩니다.
⑤ 나는 중국어를 배우게 될 것입니다.

32   33

[확인 학습] 문제 풀이 강의

- 저자 윤예람 선생님이 직접 촬영한 [확인 학습] 문제 풀이 강의가 준비되어 있습니다.
- [확인 학습] 문제 페이지에 있는 QR 코드를 스캔하면 해당 단원의 문제 풀이 강의 영상으로 바로 연결됩니다.

MP3 다운로드

- 단원마다 MP3 음원의 트랙 번호가 기재되어 있습니다. 원하는 트랙을 찾아 원어민의 음성 녹음을 반복해서 들으며 공부해 보세요.
- MP3 음원은 '다락원 홈페이지(www.darakwon.co.kr)'와 '콜롬북스 어플'을 통해 무료로 다운로드 하실 수 있습니다.
- 스마트폰으로 QR 코드를 스캔하면 MP3 다운로드 및 실시간 재생 가능한 페이지로 바로 연결됩니다.

COLUM BOOKS

YouTube 문장 반복 영상

- 책이 없어도 스마트폰만 있으면 어디서든 [문장 반복 영상]으로 학습 내용을 복습할 수 있습니다.
- 스마트폰으로 책 표지의 QR 코드를 스캔하면 [문장 반복 영상] 화면으로 바로 연결됩니다.

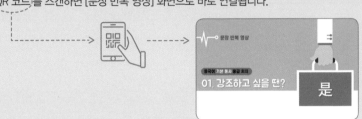

- '다락원 홈페이지(www.darakwon.co.kr)'에는 [문장 반복 영상]을 보며 활용할 수 있는 [배운 문장 재활 훈련] 학습지가 준비되어 있습니다. 다락원 홈페이지 회원 가입 후 [기타] 자료를 다운 받아 활용해 보세요.

▶ 배운 문장 재활 훈련 학습지

일러두기

- 한글 표기는 '국립국어원 표준국어대사전'과 '외래어 표기법'을 기준으로 하였습니다.
- 한어병음 표기는 〈现代汉语词典(第7版)〉과 〈한어병음 정사법 기본 규칙〉을 기준으로 하였습니다.
  * 동사 중 이합동사의 경우 이합동사의 문법적 특징을 이해할 수 있도록 한어병음을 다음과 같이 표기하였습니다.
  예) **上课** shàng//kè   **打字** dǎ//zì
- 중국어 예문의 우리말 해석은 문법적인 이해를 돕기 위해 직역을 위주로 하였으나, 직역이 어색한 경우에는 의역하였습니다.
- 새 단어의 품사는 다음과 같은 약어로 표기하였습니다.

명사	명	조사	조	접속사	접	양사	양
동사	동	전치사	전	조동사	조동	수량사	수량
형용사	형	부사	부	고유 명사	고유	접미사	접미
대사	대	수사	수	방위사	방위		

30일 완성 학습 진도표

하루 10분, 2개 단원씩, 30일에 완성하는 진도표입니다.
오늘 학습한 동사의 한자와 한어병음을 빈칸에 적고, 주요 의미를 다시 한번 떠올려 보세요.

Day 1	Day 2	Day 3
01 是 shì	03	05
02	04	06

Day 4	Day 5	Day 6
07	09	11
08	10	12

Day 7	Day 8	Day 9
13	15	17
14	16	18

Day 10	Day 11	Day 12
19	21	23
20	22	24

Day 13	Day 14	Day 15
25	27	29
26	28	30

Day 16	Day 17	Day 18
31	33	35
32	34	36

Day 19	Day 20	Day 21
37	39	41
38	40	42

Day 22	Day 23	Day 24
43	45	47
44	46	48

Day 25	Day 26	Day 27
49	51	53
50	52	54

Day 28	Day 29	Day 30
55	57	59
56	58	60

강조하고 싶을 땐? 是

'是'은 '이다'라는 의미 외에 시간, 장소, 방식 등을 강조하는 강조 용법으로도 자주 사용이 되는데요, 이때는 꼭! '的'와 함께 세트로 써 주어야 합니다.

 01

응급 처치 문장

1   왕웨이는 어제 온 것입니다.

王伟　是　昨天　来　的。

Wáng Wěi　shì　zuótiān　lái　de.
왕웨이　　　　　어제　　오다

시간 강조

2   리나는 집에서 영화를 본 것입니다.

李娜　是　在家　看　电影　的。

Lǐ Nà　shì　zài jiā　kàn　diànyǐng　de.
리나　　　집에서　보다　영화

장소 강조

주치의 진단

우리가 말할 때 주로 강조하게 되는 부분은 어디일까요? '언제? 어디서? 누구랑? 어떻게? 왜?'와 같은 동작에 더해지는 정보이지요? '是'을 강조하고자 하는 부분 앞에, '的'를 문장 끝에 붙여 주면 그 부분을 강조해 이야기 할 수 있어요.

➕ PLUS

'是……的' 구문은 과거에 일어난 사실을 강조하여 전달하는 것이기 때문에 해석 역시 '~한 것이다'로 된다는 것 기억하세요!

1 그는 예전에 톈진에서 유학한 것이 아닙니다.

他 之前 不 是 在天津 留学 的。
Tā zhīqián bú shì zài Tiānjīn liúxué de.
그 예전 톈진에서 유학하다

부정   강소 강조

> ➕ '是' 앞에 '不'를 붙이면? 부정문! 이때는 동작 자체를 부정하는 것이 아니라 강조하는 부분을 부정한다는 것에 주의해 주세요.

2 당신은 리나와 밥을 먹은 것입니까?

你 是 跟李娜 吃 饭 的 吗?
Nǐ shì gēn Lǐ Nà chī fàn de ma?
당신 리나와 먹다 밥 의문

방식 강조

> ➕ 평서면 끝에 '吗'를 붙이면? 의문문!

3 나는 장리와 커피를 마신 것입니다.

我 是 跟张丽 喝 的 咖啡。
Wǒ shì gēn Zhāng Lì hē de kāfēi
나 장리와 마시다 커피

방식 강조

> ➕ 동사가 일반 명사로 된 목적어를 갖는 경우 '的'는 목적어 앞에 올 수 있는데, 의미상의 차이는 없습니다.

4 우리는 예전에 베이징에서 알게 된 것입니다.

我们 之前 在北京 认识 的。
Wǒmen zhīqián zài Běijīng rènshi de.
'우리 예전 베이징에서 알다

강조

> ➕ 긍정문에서는 '是'을 생략하고 '的'만 사용하여 강조를 나타낼 수 있어요.

昨天 zuótiān 명 어제 | 来 lái 동 오다 | 在 zài 전 ~에서 | 家 jiā 명 집 | 看 kàn 동 보다 | 电影 diànyǐng 명 영화
他 tā 때 그 | 之前 zhīqián 명 예전 | 不 bù 부 ~이 아니다 | 天津 Tiānjīn 고유 톈진[지명] | 留学 liú//xué 동 유학하다
你 nǐ 때 너, 당신 | 跟 gēn 전 ~와/과 | 吃 chī 동 먹다 | 饭 fàn 명 밥, 식사 | 吗 ma 조 ~입니까? | 我 wǒ 때 나
喝 hē 동 마시다 | 咖啡 kāfēi 명 커피 | 我们 wǒmen 때 우리 | 北京 Běijīng 고유 베이징[지명]
认识 rènshi 동 알다, 인식하다

여기에 있지

'有'는 '~을/를 가지고 있다'라는 '소유'의 의미 외에, '~에 있다'라는 '존재'의 의미를 나타내기도 해요. 이때, 존재하는 장소와 대상의 위치가 정말 중요하니 꼭! 확인해 주세요.

응급 처치 문장

1   의자 위에 고양이 한 마리가 있습니다.

椅子上　有　一只猫。
Yǐzi shang　yǒu　yì zhī māo.
의자 위　　있다　　고양이
장소　　　　존재　　대상

2   슈퍼 맞은편에 공원이 하나 있습니다.

超市对面　有　一个公园。
Chāoshì duìmiàn　yǒu　yí ge gōngyuán.
슈퍼 맞은편　　　있다　　공원
장소　　　　　　　존재　　대상

주치의 진단

'有'가 존재의 의미로 사용될 때는 반드시 장소가 먼저! 와야 해요.

A(장소) + 有 + B(대상) = A 에 B 이/가 있다, 존재한다

장소 명사도 존재하는 대상이 될 수 있습니다. 예를 들어, 두 번째 문장에서 공원 자체는 장소이지만 이 문장에서는 슈퍼 맞은편에 존재하는 대상으로 쓰였어요.

PLUS

장소가 아닌 것도 장소로 만들고, 장소를 더 완벽한 장소로 만드는 방법은?
바로 방향 혹은 공간을 나타내는 단어를 더해 주는 것입니다. '有'를 사용한 존현문에서 장소 뒤에는 항상 방향 혹은 공간을 나타내는 단어를 더해 주어야 한다는 것 잊지 마세요.

1 여행 가방 안에는 카메라가 없습니다.

行李箱里 没有 照相机。

Xínglixiāng li　méiyǒu　zhàoxiàngjī.
여행 가방 안　　없다　　카메라

〔장소〕　〔존재〕　〔대상〕

'有'의 부정은? 没有! '没'로 '有'를 부정한다고 생각하지 말고, '没有' 자체를 '없다'로 기억하면 수월해요.

2 우리 회사 옆에는 커피숍이 없습니다.

我们公司旁边 没有 咖啡店。

Wǒmen gōngsī pángbiān　méiyǒu　kāfēidiàn.
우리 회사 옆　　　없다　　커피숍

〔장소〕　〔존재〕　〔대상〕

3 냉장고 안에 과일이 있습니까?

冰箱里 有 水果 吗?

Bīngxiāng li　yǒu　shuǐguǒ　ma?
냉장고 안　있다　과일　　↑
　　　　　　　　　　　　　의문

4 당신 집 근처에는 드러그 스토어가 있습니까?

你家附近 有没有 药妆店?

Nǐ jiā fùjìn　yǒu méiyǒu　yàozhuāngdiàn?
당신 집 근처　　↑　　드러그 스토어
　　　　　정반의문

정반의문문은? 바로 술어(有)를 긍정부정(有+没有)으로 써 주면 됩니다. 이때 문장 끝에 의문조사 '吗'는 쓰지 않습니다. 긍정부정으로 쓰인 술어가 이미 의문을 나타내기 때문이에요.

椅子 yǐzi 명 의자 | **上** shang 방위 ~위에, ~에 | **一** yī 수 숫자 1 | **只** zhī 양 마리 | **猫** māo 명 고양이
超市 chāoshì 명 슈퍼마켓 | **对面** duìmiàn 명 맞은편 | **个** gè 양 개 | **公园** gōngyuán 명 공원
行李箱 xínglixiāng 명 여행용 가방 | **里** li 방위 안, 내부 | **照相机** zhàoxiàngjī 명 카메라 | **公司** gōngsī 명 회사
旁边 pángbiān 방위 옆, 근처 | **咖啡店** kāfēidiàn 명 커피숍 | **冰箱** bīngxiāng 명 냉장고 | **水果** shuǐguǒ 명 과일
附近 fùjìn 명 부근, 근처 | **药妆店** yàozhuāngdiàn 명 드러그 스토어

15

변화무쌍 在

'在'는 '존재'라고 확신한 순간, 다양한 곳에서 불쑥 튀어나와 많이 당황하셨죠? 그럴 땐 '在'의 위치를 잘 보세요. 위치에 따라 해석이 달라집니다. 그리고 또 하나! '在'가 세트로 쓰였는지 혼자 쓰였는지도 의미를 구분하는 매우 중요한 포인트예요. 우선 '在'의 기본 의미인 '존재'부터 살펴볼까요? 존재하는 장소와 대상의 위치에 집중해 주세요.

🩺 응급 처치 문장

1 우산은 여행 가방 안에 있습니다.

雨伞　在　行李箱里。

Yǔsǎn　zài　xínglixiāng li.
우산　있다　여행 가방 안
[대상]　[존재]　[장소]

2 리나는 사무실에 있지 않습니다.

李娜　不　在　办公室。

Lǐ Nà　bú　zài　bàngōngshì.
리나　↑　있다　사무실
[대상]　[부정]　[존재]　[장소]

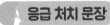 주치의 진단

'在'를 존재의 의미로 사용할 때는 반드시 대상이 먼저 와야 해요.
A(대상) + 在 + B(장소) = A 이/가 B 에 있다, 존재한다

➕PLUS ┄┄┄┄┄┄┄┄┄┄┄┄┄┄┄┄┄┄┄┄┄┄┄┄┄┄┄┄┄┄┄┄┄┄┄┄

존재를 나타낼 때의 '有'와 함께 비교해 보면,
A(장소) + 有 + B(대상) = A 에 B 이/가 있다, 존재한다
A(대상) + 在 + B(장소) = A 이/가 B 에 있다, 존재한다

1 드러그 스토어는 어디에 있습니까?

药妆店　在　哪儿?

Yàozhuāngdiàn　zài　nǎr?
드러그 스토어　있다　어디

[대상]　[존재(동사)]　[장소(의문대명사)]

> 의문대명사를 사용한 의문문의 문장 끝에는 '吗'를 쓰지 않아요. 의문대명사가 이미 의문을 나타내기 때문이에요.

2 나는 웹툰을 보는 중입니다.

我　在　看　网漫。

Wǒ　zài　kàn　wǎngmàn.
나　↑　보다　웹툰

부사(진행): ~하고 있는 중이다

> '在'가 동사 앞에 단독으로 있을 때는 동사에 '~하고 있다'라는 '진행'의 의미를 더해 주는 역할을 해요.

3 나는 침대 위에서 웹툰을 봅니다.

我　在床上　看　网漫。

Wǒ　zài chuáng shang　kàn　wǎngmàn.
나　↑ 침대 위　보다　웹툰
전치사: ~에서

> '在'가 동사 앞에 침대라는 명사와 세트로 왔네요? 이렇게 장소명사와 세트로 온 '在'는 동사에 동작이 행해지는 장소를 더해 주는 역할을 합니다. 해석은 '~에서'라고 합니다.

4 나는 침대에 앉아서 웹툰을 봅니다.

我　坐在床上　看　网漫。

Wǒ　zuòzài chuáng shang　kàn　wǎngmàn.
나　앉다 ↑ 침대 위　보다　웹툰
결과보어: ~에

동작①　　　　　　동작②

> '在'가 장소명사와 세트로 이번엔 동사 뒤에 왔어요. 이때 '在'는 동작의 결과가 존재하는 장소를 보충해 주는 역할을 하는데요, 해석은 '~에/~에다가'라고 해요. 그리고 이 문장은 두 동작이 연동된 문장이에요.

雨伞 yǔsǎn 몡 우산 | 办公室 bàngōngshì 몡 사무실 | 哪儿 nǎr 떼 어디 | 网漫 wǎngmàn 몡 웹툰
床 chuáng 몡 침대 | 坐 zuò 동 앉다

04 사용과 수단

'用'은 '쓸 용' 자(字)로 우리에게 아주 익숙한 한자이지요? 중국어에서도 '用'은 '사용하다' 라는 의미의 동사로 쓰이는데요, 동사 이외에 전치사로 쓰여 수단과 방법을 나타낼 수도 있 습니다. 우선 '用'의 기본 의미인 '사용하다'부터 살펴볼까요?

응급 처치 문장

1   이거 저 다 썼어요, 당신 쓰세요.

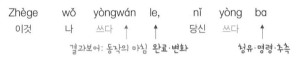

这个   我   用完   了,   你   用   吧。
Zhège   wǒ   yòngwán   le,   nǐ   yòng   ba
이것   나   쓰다   당신   쓰다

결과보어: 동작의 마침   완료·변화   청유·명령·추측

2   샴푸 다 썼어요.

洗发水   用光   了。
Xǐfàshuǐ   yòngguāng   le.
샴푸   쓰다

결과보어: 남김없이

주치의 진단

'用'은 '사용하다'라는 의미로 쓰일 때, 뒤에 결과보어 '完' 혹은 '光'과 자주 함께 쓰입니다. '用完'은 '사용 을 마쳤다'라는 의미를, '用光'은 '남김없이 다 썼다'라는 의미를 나타냅니다.

➕ PLUS ┈┈┈

이때 '完'은 동작의 완료를 나타내고, '光'은 내용물이 조금도 남지 않았음을 나타내요.

예) 我吃完了。 다 먹었습니다. ➡ 먹는 동작을 마침
     我吃光了。 다 먹었습니다. ➡ 남김없이 다 먹음

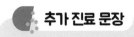
1 인도 사람은 손으로 밥을 먹습니다.

印度人 用手 吃 饭。

Yìndùrén yòng shǒu chī fàn.

인도 사람 　손 먹다 밥

전치사: ~(으)로

> '用'을 전치사로 사용하면 동사에 동작을 하는 수단 혹은 방법을 더해 줍니다.

2 그들은 중국어로 이야기를 합니다.

他们 用汉语 聊天儿。

Tāmen yòng Hànyǔ liáotiānr.

그들 　중국어 이야기하다

전치사: ~(으)로

3 리나는 무엇으로 사진을 찍습니까?

李娜 用什么 拍照?

Lǐ Nà yòng shénme pāizhào?

리나 　무엇 사진을 찍다

전치사: ~(으)로

这个 zhège 데 이것 | 完 wán 동 끝나다 | 了 le 조 동작의 완료나 상태의 변화를 나타냄 | 吧 ba 조 청유·명령·추측을 나타냄
洗发水 xǐfàshuǐ 명 샴푸 | 光 guāng 형 조금도 남지 않다 | 印度人 Yìndùrén 고유 인도 사람 | 手 shǒu 명 손
他们 tāmen 데 그들 | 汉语 Hànyǔ 고유 중국어, 한어 | 聊天儿 liáo//tiānr 동 한담하다, 이야기하다 | 什么 shénme 데 무엇
拍照 pāizhào 동 사진을 찍다

빌려주세요

'借'의 의미는 '빌리다'로 간단하지만, 막상 활용할 때는 멈칫하게 되는 경우가 많지요? 왜냐하면 '~에게 빌리다' 혹은 '~에게 빌려주다'로 주로 사용하게 되는데 여기서 헷갈리기 때문이에요. 이번 시간에 이 두 가지 표현을 확실하게 알아볼까요?

응급 처치 문장

1 나는 리쥔에게 돈을 빌렸습니다.

我 跟李军 借 钱 了。
Wǒ　　gēn Lǐ Jūn　　jiè　　qián　　le.
나　　　리쥔에게　　빌리다　　돈

2 리쥔은 나에게 돈을 빌려주었습니다.

李军 借 给我 钱 了。
Lǐ Jūn　　jiè　　gěi wǒ　　qián　　le.
리쥔　　빌려주다　　나에게　　돈

주치의 진단

'借'는 문장 구성에 따라 '빌리다'로 해석될 수도 있고, '빌려주다'로 해석될 수도 있어요. '借'의 두 가지 활용법 이렇게 기억해 보면 어떨까요?

跟 + 대상 + 借 = ~에게 빌리다　　　　　　借 + 给 + 대상 = ~에게 빌려주다

➕PLUS -···

1번 문장처럼 '~에게 빌리다'의 의미로 사용할 경우 전치사에 따라 의미가 달라지는 것이 있어요. 예를 들어 '我跟李军借钱了。'가 아니라 '我给李军借钱了。'라고 쓰게 되면 리쥔에게 돈을 빌린 것이 아니라 '내가 리쥔을 대신해 돈을 빌려서 리쥔에게 줬다'는 의미가 돼요. '给'는 '~에게 ~을/를 해 주다'의 의미를 가지고 있기 때문이에요. 그러니 '跟'으로 기억해 두면 '~에게 돈을 빌리다'라는 표현을 정확하게 할 수 있을 거예요.

1 당신의 펜을 좀 빌려 쓸 수 있을까요?

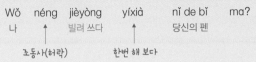

我 能 借用 一下 你的笔 吗?
Wǒ néng jièyòng yíxià nǐ de bǐ ma?
나 　빌려 쓰다 　 당신의 펜

↑ 쪼동사(허락)　　↑ 한번 해 보다

> '借' 뒤에 '사용하다, 쓰다'라는 의미의 '用'을 더해 '빌려 쓰다'의 의미를 나타낼 수 있어요. 이 때는 주로 뒤에 '一下'를 더해 어기를 완화해 줍니다.

2 우리 한강 가서 자전거 빌려 타요.

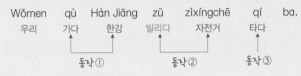

我们 去 汉江 租 自行车 骑 吧。
Wǒmen qù Hàn Jiāng zū zìxíngchē qí ba.
우리 가다 한강 빌리다 자전거 타다

↑ 동작① ↑ 동작② ↑ 동작③

> 우리말로는 '빌리다'라고 해석되더라도 '借'를 쓸 수 없는 경우가 있어요. 바로 돈을 내고 빌리는 경우인데요, 이때는 '租'를 사용합니다. '租'는 '임차하다, 세내다'의 의미를 가지고 있기 때문이에요. 그냥 빌리는 건 '借', 돈을 내고 빌리는 건 '租', 이제 상황에 따라 맞게 쓸 수 있겠죠?

3 나는 세 들어 살고 있습니다.

我 是 租 房子 住 的。
Wǒ shì zū fángzi zhù de.
나 ↑ 임대하다 집 거주하다

↑ 방식 강조

跟 gēn 전 ~에게 | 钱 qián 명 돈 | 给 gěi 전 ~에게 | 能 néng 조동 ~해도 된다 | 一下 yíxià 수량 한번 ~해 보다
的 de 조 ~의 | 笔 bǐ 명 펜 | 去 qù 동 가다 | 汉江 Hàn Jiāng 고유 한강[지명] | 租 zū 동 임차하다, 빌리다 / 임대하다, 세놓다
自行车 zìxíngchē 명 자전거 | 骑 qí 동 타다 | 房子 fángzi 명 집, 건물 | 住 zhù 동 살다, 거주하다

선물도 배웅도

'送'은 '선물하다'라는 의미와 '배웅하다'라는 의미로 자주 사용되는 단어인데요, '선물하다'의 의미일 때는 목적어의 위치를, '배웅하다'의 의미일 때는 자주 사용되는 문장을 알아 두면 일상생활에서 잘 활용할 수 있을 거예요. '送'의 의미 구별 방법을 먼저 살펴볼까요?

응급 처치 문장

1 당신에게 선물할게요. / 당신을 배웅해 줄게요.

我　送　你。

Wǒ　sòng　nǐ.
나　선물/배웅하다　당신

2 당신에게 선물할게요.

我　送给　你。

Wǒ　sònggěi　nǐ.
나　선물하다↑　당신
　　　결과보어: ~에게

주치의 진단

1번 문장에서 '送'은 '선물하다'의 의미도, '배웅하다'의 의미도 될 수 있어서 앞뒤 문맥에 따라 해석할 수밖에 없는데, 2번 문장은 '给'가 동작의 결과가 향하는 대상을 데려와 줌으로써 '선물하다'의 의미임을 바로 알 수 있어요.

➕ PLUS ┈┈┈┈┈┈┈┈┈┈┈┈┈┈┈┈┈┈┈┈┈┈┈┈

'선물하다'라는 의미를 나타내는 '送' 뒤에는 목적어가 두 개 올 수도 있는데, 이렇게 이중목적어를 갖는 동사의 활용법은 [추가 진료 문장]을 확인해 주세요. 우선 이중목적어를 갖는 대표적인 동사 다섯 개를 먼저 살펴볼까요?

教	jiāo	통 가르치다
问	wèn	통 묻다
还	huán	통 돌려주다
告诉	gàosu	통 알리다
给	gěi	통 주다

1 나는 그녀에게 꽃 한 다발을 선물했습니다.

我 送了 她 一束花。

Wǒ sòngle tā yí shù huā.

나 선물하다 그녀 꽃 한 다발

누가 하다 누구에게 무엇을

간접목적어 직접목적어

> '送'은 이중목적어를 갖는 동사예요. 이런 동사를 사용할 때의 문장 순서는 이렇게 기억해 보세요. '누가-하다-누구에게-무엇을'

2 시간이 너무 늦었네요. 제가 집에 데려다 줄게요.

时间 太 晚 了, 我 送 你 回家 吧。

Shíjiān tài wǎn le, wǒ sòng nǐ huí jiā ba.

시간 늦다 나 배웅하다 당신 귀가하다

너무 ~하다

> '送'을 '배웅하다'의 의미로 사용할 때는 2번 문장처럼 배웅의 구체적 목적을 함께 이야기하거나, 3번 문장처럼 배웅의 수단이나 방법을 함께 이야기하는 형식으로 주로 사용해요.

3 공항이 너무 머네요. 제가 운전해서 데려다 줄게요.

机场 太 远 了, 我 开车 送 你 吧。

Jīchǎng tài yuǎn le, wǒ kāichē sòng nǐ ba.

공항 멀다 나 운전하다 배웅하다 당신

너무 ~하다

동작① 동작②

4 원 플러스 원

买 一 送 一

mǎi yī sòng yī

사다 하나 선물하다 하나

> 중국 상점에서 자주 보게 되는 문구인데요, 중국에서는 1+1를 '하나를 사면 하나를 선물한다, 증정한다'라고 표현합니다.

她 tā 団 그녀 | 束 shù 양 묶음, 다발 | 花 huā 명 꽃 | 时间 shíjiān 명 시간 | 太 tài 부 너무 | 晚 wǎn 형 늦다
回 huí 동 되돌아가다, 되돌아오다 | 机场 jīchǎng 명 공항 | 远 yuǎn 형 멀다 | 开车 kāi//chē 동 운전하다 | 买 mǎi 동 사다

'让'은 기본적으로 '양보하다'라는 의미를 가지고 있어요. 그런데 '시키다'라는 의미 또한 있다니 재미있지 않나요? 본인이 해야 할 일을 다른 사람에게 양보한다는 의미일까요? 우선 기본 의미인 '양보하다' 먼저 보고 하나씩 알아보도록 해요.

응급 처치 문장

1 좀 비켜 주세요.

请　让　一下。

Qǐng　ràng　yíxià.
　↑　양보하다　좀 ~하다
부탁할 때 사용하는 경어

2 오빠는 여동생에게 양보해야 합니다.

哥哥 应该 让 妹妹。

Gēge　yīnggāi　ràng　mèimei.
오빠　　↑　양보하다　여동생
조동사(의무): ~해야 한다

주치의 진단

'让'이 양보의 의미를 나타낼 때는 양보를 '요청'하거나 도리상의 '의무'를 이야기할 때 주로 사용됩니다. 상대방에게 무언가를 요청하고 부탁할 때는 '请'을 문장 맨 앞에 사용해서 공손한 요청의 의미를 더해 주고, 도리상의 의무를 말할 땐 '应该'를 동사 앞에 사용해서 의미를 더해 주세요.

➕ PLUS

'让'은 양보의 의미 외에 누군가로 하여금 어떠한 행동을 하게 만드는 의미의 동사(사역동사)로도 사용되는데, 이와 같은 대표적인 사역동사 네 개를 함께 살펴보고, 관련 설명은 [추가 진료 문장]에서 같이 보도록 하겠습니다.

让	ràng	통 시키다
请	qǐng	통 요청하다, 한턱내다
叫	jiào	통 시키다
要求	yāoqiú	통 요구하다

1 어머니는 나에게 설거지를 하라고 시키셨습니다.

妈妈 让 我 洗碗。

Māma ràng wǒ xǐ wǎn.
엄마 시키다 나 설거지하다

누가 ▸ 시키다 ▸ 누구에게 ▸ ~하라고

> '让'과 같은 사역동사는 문장 순서를 이렇게 기억해 보세요. '누가-시키다(하게 하다)-누구에게-~하라고' 마지막 '~하라고'의 부분은 동사(구)로 이루어져야 겠죠?

2 사장님은 우리에게 무엇을 준비하라고 시키셨습니까?

老板 让 我们 准备 什么?

Lǎobǎn ràng wǒmen zhǔnbèi shénme?
사장님 시키다 우리 준비하다 무엇

누가 ▸ 시키다 ▸ 누구에게 ▸ ~하라고

3 내 남자 친구는 그의 핸드폰을 못 보게 합니다.

我男朋友 不 让 我 看 他的手机。

Wǒ nánpéngyou bú ràng wǒ kàn tā de shǒujī.
내 남자 친구 허락하다 나 보다 그의 핸드폰
부정

> '让'은 '허락·허가'의 의미도 갖고 있는데 이때는 주로 '不'를 앞에 서서 '~하지 못하게 하다'의 의미를 전달해요.

4 너무 감동이에요!

你 太 让 我 感动 了!

Nǐ tài ràng wǒ gǎndòng le!
당신 ~하게 하다 나 감동하다
너무 ~하다

> 구체적으로 무언가를 하도록 시킨 것이 아닌, 누군가로 하여금 어떠한 감정을 느끼게 만들 때도 '让'을 사용해요.

请 qǐng 통 부탁·요청할 때 사용하는 경어 | **哥哥** gēge 명 오빠/형 | **应该** yīnggāi 조동 ~해야 한다 | **妹妹** mèimei 명 여동생
妈妈 māma 명 엄마, 어머니 | **洗** xǐ 통 씻다, 빨다 | **碗** wǎn 명 그릇 | **老板** lǎobǎn 명 사장, 주인
准备 zhǔnbèi 통 준비하다 | **男朋友** nánpéngyou 명 남자 친구 | **手机** shǒujī 명 핸드폰 | **感动** gǎndòng 통 감동하다

불러서 시키기 叫

‘叫’는 기본적으로 ‘부르다’라는 의미를 가지고 있는데요, 부른다고 하면 자연스레 시키는 동작이 떠오르지 않으시나요? ‘叫’는 실제로 ‘시키다’라는 의미도 가지고 있어요. 이때 ‘让’과 의미상, 용법상 차이가 없습니다. 우선 기본 의미인 ‘부르다’로 쓰인 경우부터 살펴볼까요?

응급 처치 문장

1 왕웨이, 방금 당신이 날 불렀나요?

王伟, 刚才 你 叫 我 了 吗?

Wáng Wěi,	gāngcái	nǐ	jiào	wǒ	le	ma?
왕웨이	방금	당신	부르다	나		

2 당신은 나를 ‘리리’라고 부르면 됩니다.

你 叫 我 丽丽 好了。

Nǐ	jiào	wǒ	Lìli	hǎole.
당신	부르다	나	리리	되다, 좋다

TIP
중국에서는 친분이 있는 경우에 ‘丽丽’처럼 이름의 맨 마지막 글자를 두 번 부르기도 합니다.

주치의 진단

‘叫’가 ‘부르다’의 의미로 쓰였을 때는 1번 문장처럼 말 그대로 ‘외치는 형태의 부름’과 2번 문장처럼 ‘이름, 호칭 등을 부르는 형태의 부름’ 이 두 가지가 대표적이에요.

1 사장님께서는 우리에게 토요일에 출근하라고 시키셨습니다.

老板　叫　我们　周六　上班。

Lǎobǎn　jiào　wǒmen　zhōuliù　shàngbān.

사장님　시키다　우리　토요일　출근하다

누가　시키다　누구에게　~하라고

'叫'가 '시키다'라는 의미로 쓰였을 때는 '让'과 용법이 같아요.

✚PLUS

사역의 의미를 갖는 동사 '叫'와 '让'은 '주어+동사1+목적어 겸 주어+동사2(+목적어)' 형태의 겸어문을 만드는 동사입니다. 겸어문이란 동사가 두 개 이상 쓰인 문장에서 첫 번째 동사의 목적어가 두 번째 동사의 주어를 겸하는 문장입니다.

2 언니/누나는 항상 나에게 그녀의 방을 청소하라고 시킵니다.

姐姐　总是　叫　我　打扫　她的房间。

Jiějie　zǒngshì　jiào　wǒ　dǎsǎo　tā de fángjiān.

언니/누나　항상　시키다　나　청소하다　그녀의 방

누가　시키다　누구에게　~하라고

3 장리에게 나와서 밥 먹으라고 하세요.

你　叫　张丽　出来　吃　饭　吧。

Nǐ　jiào　Zhāng Lì　chūlái　chī　fàn　ba.

당신　시키다　장리　나오다　먹다　밥

누가　시키다　누구에게　~하라고

제3자를 '~하도록' 불러오는 의미를 전달할 때도 '叫'를 사용합니다.

刚才 gāngcái 몡 방금, 막 **|** **好了** hǎole 조 문장 끝에서 개의치 않음을 나타냄 **|** **周六** zhōuliù 몡 토요일
上班 shàng//bān 통 출근하다 **|** **姐姐** jiějie 몡 언니/누나 **|** **总是** zǒngshì 뷔 늘, 언제나 **|** **打扫** dǎsǎo 통 청소하다
房间 fángjiān 몡 방 **|** **出来** chū//lái 통 나오다

다 지나갈 거예요 过

여러분은 '지나다' 하면 뭐가 떠오르세요? 저는 말 그대로 건널목 등을 지나는 '건너다', 그리고 시간을 지나는 '지내다'가 생각나는데요, '过'는 이 두 가지 뜻을 다 가지고 있어요. 그리고 지난다는 것은 경험하는 것과 관련이 있어서인지 다른 동사 뒤에서 경험의 의미를 더해 주기도 합니다. 우선 '건너다' '지내다'의 의미로 쓰인 경우부터 볼까요?

응급 처치 문장

1 길을 건널 때, 손을 들 필요 없습니다.

过 马路 的时候，不用 举手。

Guò   mǎlù   de shíhou,   búyòng   jǔ shǒu.
건너다   큰길   ~할 때   ~할 필요 없다   손을 들다

2 나는 요즘 잘 지내지 못합니다.

我 最近 过 得 不好。

Wǒ   zuìjìn   guò   de   bù hǎo.
나   요즘   지내다   좋지 않다
                    ↑
                정도보어

 주치의 진단

'过'가 '지내다'라는 의미로 사용될 때는 뒤에 정도보어가 와서 어떻게 지내는지 묻거나, 잘 지냄 혹은 못 지냄 등을 전하는 문장으로 주로 사용되는데, 동사와 그 동작의 정도(주로 형용사) 사이를 '得'로 연결해 준다고 생각하면 사용하기 수월할 거예요.

1 방금 지나간 사람 당신 전 여자 친구 아닙니까?

刚刚　走过去的人　是不是　你前女友?

Gānggāng　zǒu guòqu de rén　shì bu shì　nǐ qián nǚyǒu?
방금　　걸어 지나간 사람　　　　　　전 여자 친구

~ 아닌가요?

+PLUS
'是不是'로 나타내는 의문은 어느 정도의 확신이 있는 상태에서 재차 확인하기 위한 질문을 할 때 주로 사용됩니다.

> '过'는 '来' 혹은 '去'와 함께 다른 동사 뒤에서 복합적으로 방향을 보충해 주는 '복합방향보어'로 사용되기도 합니다.

2 당신은 취두부를 먹어 본 적이 있습니까?

你　吃过　臭豆腐　吗?

Nǐ　chīguo　chòudòufu　ma?
당신　먹다　　취두부

과거의 경험

> '过'는 동사 뒤에서 동태조사로 사용되기도 하는데, 이때는 과거의 경험을 나타내는 역할로 해석은 '~한/해 본 적이 있다'입니다. 동태조사로 쓰인 '过'는 제4성이 아닌 '경성'으로 발음해야 한다는 것 꼭 기억하세요!

3 나는 이렇게 이상한 사람을 만나 본 적이 없습니다.

我　没　见过　这么　奇怪的人。

Wǒ　méi　jiànguo　zhème　qíguài de rén.
나　　　만나다　이렇게　　이상한 사람

부정　과거의 경험

> 동태조사 '过'가 쓰인 문장의 부정은 '没(有)'로 하고, '没(有)'의 위치는 동사 앞입니다.

马路 mǎlù 몡 대로, 큰길 | **时候** shíhou 몡 때, 시각 | **不用** búyòng 뮈 ~할 필요가 없다 | **举** jǔ 동 들다, 들어 올리다 |
最近 zuìjìn 몡 요즘, 최근 | **得** de 조 동사나 형용사 뒤에서 정도보어를 연결함 | **好** hǎo 혱 좋다, 만족하다 |
刚刚 gānggāng 뮈 방금 | **走** zǒu 동 걷다, 가다 | **过去** guòqu 동 지나가다 | **人** rén 몡 사람 |
前女友 qián nǚyǒu 몡 전 여자 친구 | **臭豆腐** chòudòufu 몡 취두부 | **见** jiàn 동 만나다 | **这么** zhème 때 이런, 이렇게 |
奇怪 qíguài 혱 이상하다

10 마음에 품은 想

'想'은 '생각하다' '그리워하다'라는 의미를 가진 동사인데요, '~하고 싶다'라는 의미의 조동사로도 자주 사용됩니다. 이번 시간에는 '想'이 조동사로 쓰인 경우를 집중해서 살펴보면서 조동사에 대한 이해도 높여 볼까요?

응급 처치 문장

1 나는 퇴근하고 싶습니다.

我　想　下班。

Wǒ　xiǎng　xiàbān.
나　　　　　퇴근하다
　　조동사(희망)

2 나는 여행 가고 싶습니다.

我　想　去　旅行。

Wǒ　xiǎng　qù　lǚxíng.
나　　　　가다　여행
　　조동사(희망)

주치의 진단

문장에서 '想'이 동사 앞에 위치해 있다면 조동사로 쓰인 경우입니다. '想'이 조동사로 쓰일 때는 동사에 희망, 바람의 의미를 더해 주는 역할을 합니다.

➕PLUS

조동사는 단독으로도 사용이 가능해서 아주 유용해요. 예를 들어 누군가 여러분에게 "你想去旅行吗? 여행 가고 싶습니까?"라고 질문했을 때, 굳이 전체 문장을 말할 필요 없이 "想。" 하나로 가고 싶다는 답변을 할 수 있어요.

추가 진료 문장

1 나는 야근하고 싶지 않습니다.

我 不 想 加班。

Wǒ bù xiǎng jiābān.
나   야근하다

부정   조동사(희망)

> 조동사가 있는 문장을 부정문으로 만들 때 '不'는 동사가 아닌 조동사 앞에 위치해요. 단순히 동작만을 부정하는 것이 아니라 조동사와 합쳐진 동작을 부정하는 것이기 때문입니다.

2 당신 소개팅하고 싶습니까?

你 想 相亲 吗?

Nǐ xiǎng xiāngqīn ma?
당신   소개팅하다

조동사(희망)   의문

3 당신은 중국으로 여행을 가고 싶습니까, 안 가고 싶습니까?

你 想不想 去 中国 旅行?

Nǐ xiǎng bu xiǎng qù Zhōngguó lǚxíng?
당신   가다   중국   여행하다

정반의문

> 일반 의문문을 만드는 것은 평서문 끝에 '吗'만 더해 주면 되니 간단하지만 정반의문문을 만들 때는 주의해야 해요. 동사가 아닌 조동사를 긍정부정으로 써준다는 것 꼭 기억하세요!

4 보고 싶어.

我 想 你。

Wǒ xiǎng nǐ.
나   그리워하다   당신

> '보고 싶다'라는 말을 중국어로 하면 '我想看你'일 것 같지 않나요? 하지만 정답은 '我想你.'입니다. 보고 싶다는 건 그립다는 말이니까요. 이 문장에 쓰인 '想'은 조동사가 아닌 동사입니다.

下班 xià//bān 동 퇴근하다 ㅣ **旅行** lǚxíng 동 여행하다 ㅣ **加班** jiā//bān 동 초과 근무를 하다
相亲 xiāng//qīn 동 선보다, 소개팅하다 ㅣ **中国** Zhōngguó 고유 중국[지명]

1 다음 중 틀린 문장을 두 개 고르세요.

① 我跟李娜看电影的。　　　　② 我是跟李娜看电影的。

③ 我不跟李娜看电影的。　　　　④ 我是跟李娜看的电影。

⑤ 我跟是李娜看的电影。

2 단어를 배열하여 문장을 완성해 보세요.

没有 / 附近 / 药店 / 我 / 家　우리 집 근처에는 약국이 없습니다.

　　→ _____ 。

3 '在椅子上'이 들어갈 자리로 알맞은 것을 고르세요.

　　　　　　_A_ 我 _B_ 坐 _C_ 听 _D_ 音乐 _E_ 。
　　　　　　　나는 의자에 앉아 음악을 듣습니다.

① A　　　　② B　　　　③ C　　　　④ D　　　　⑤ E

4 빈칸에 들어갈 알맞은 단어를 고르세요.

　　　　　　你 〔　　　〕 什么拍照?
　　　　　　　당신은 무엇으로 사진을 찍습니까?

① 做　　　　② 买　　　　③ 花　　　　④ 看　　　　⑤ 用

5 밑줄 친 부분에 주의하여 다음 문장을 바르게 고치세요.

她借给张丽雨伞了。　그녀는 장리에게 우산을 빌렸습니다.

　　→ _____ 。

6 단어를 배열하여 문장을 완성해 보세요.

了 / 衣服 / 他 / 一件 / 我 / 送   그는 나에게 옷 한 벌을 선물해 주었습니다.

→ _____。

7 다음 중 '不'가 들어갈 자리로 알맞은 것을 고르세요.

  _A_ 医生 _B_ 让 _C_ 我 _D_ 喝 _E_ 凉水。
  의사 선생님께서는 나에게 차가운 물을 마시지 못하게 하십니다.

① A   ② B   ③ C   ④ D   ⑤ E

*凉水 찬물, 냉수

8 다음 중 '叫'의 의미가 다른 하나를 고르세요.

① 你叫什么名字?   ② 老师叫我明天交作业。
③ 李军，老板叫你啊。   ④ 你叫我小张好了。
⑤ 我姓金，叫民国。

9 빈칸에 들어갈 알맞은 단어를 고르세요.

  我没吃 [   ] 这么好吃的面包。
  나는 이렇게 맛있는 빵을 먹어 본 적이 없습니다.

① 了   ② 着   ③ 走   ④ 过   ⑤ 吧

*面包 빵

10 다음 문장을 바르게 해석한 것을 고르세요.

  我想学汉语。

① 나는 중국어를 배우고 싶습니다.   ② 나는 중국어를 배우려고 합니다.
③ 나는 중국어를 배워야 합니다.   ④ 나는 중국어를 배워도 됩니다.
⑤ 나는 중국어를 배우게 될 것입니다.

주먹 불끈! 要

동사로는 '필요하다' '원하다'라는 의미를 가진 '要', 조동사로 쓰일 때는 어떤 역할을 할까요? 바로 의지, 의욕 등의 의미를 동사에 더해 주는 역할을 합니다. '想'보다 적극적인 느낌이 있죠? 우선 동사로 쓰인 경우와 조동사로 쓰인 경우를 함께 볼까요?

응급 처치 문장

1   몇 개 필요하세요?

你   要   几   个?

Nǐ   yào   jǐ   ge?

당신   필요하다   몇   개

     ↑   ↑

    동사   의문대명사

2   나는 다이어트를 할 것입니다.

我   要   减肥。

Wǒ   yào   jiǎnféi.

나   ↑   다이어트하다

조동사(의지): ~할 것이다

주치의 진단

'要'가 동사로 쓰일 때는 '필요하다' '원하다' 등의 의미를 가지고 있어요. 그래서 물건을 구입하거나 음식을 주문할 때 주로 사용되는데, 조동사로 쓰일 때는 동작에 의지, 의욕을 더해서 단순히 그 동작을 하기를 희망하는 것을 넘어서 '~하려고 하다' '~할 것이다'라는 적극적인 의미까지 더해집니다.

1 나는 패스트푸드를 먹고 싶지 않습니다.

我 不 想 吃 快餐。

Wǒ bù xiǎng chī kuàicān.
나 　 먹다 패스트푸드

↑
부정 조동사(희망)

> 조동사 '要'의 부정은 '不要'가 아닌 '不想'으로 해요. 무언가를 할 의지, 의욕이 없다는 것은 하고 싶지 않다는 것이니 의미도 자연스럽죠?

➕ PLUS

'不要+동사'는 '~하지 마세요'라는 금지의 의미를 나타냅니다.

2 마라탕 먹어 볼래요, 안 먹어 볼래요?

你 要不要 尝尝 麻辣烫?

Nǐ yào bu yào chángchang málàtàng?
당신 　 　 맛보다 　 마라탕

정반의문 동사중첩

> 정반의문문을 만들 때는 조동사를 긍정부정으로 써 줍니다. 헷갈리기 쉬운 부분이니 다시 한번 기억하세요!

TIP

'麻辣烫'의 '麻'는 얼얼한 맛, '辣'는 매운맛을 뜻하는데요, 두 단어를 합친 '麻辣'는 얼얼하고 매운 쓰촨(四川)의 대표적인 맛이에요. 그리고 '麻辣烫'은 이 얼얼하고 매운 육수에 각종 야채와 고기 등을 넣고 끓여 먹는 요리입니다.

3 말하는 것은 조심해야 합니다.

说话 要 小心。

Shuōhuà yào xiǎoxīn.
말하다 　 조심하다

조동사(의무): ~해야 한다

> '要'는 의지뿐만 아니라 의무를 나타내기도 하는데요, 이때는 주로 자발적으로 해야만 하는 것에 대한 의무를 나타내요.

4 당신은 회의에 참석할 필요 없습니다.

你 不用 参加 会议。

Nǐ bú yòng cānjiā huìyì.
당신 ~할 필요 없다 참석하다 　 회의

> '要'가 의무를 나타낼 때의 부정은 '不用'으로 합니다. '~할 필요 없다'라는 의미로 어떤 동작을 할 의무가 없다는 것을 뜻하기 때문이에요.

几 jǐ 때 몇 | 减肥 jiǎn//féi 통 다이어트하다 | 快餐 kuàicān 명 패스트푸드 | 尝 cháng 통 맛보다
麻辣烫 málàtàng 명 마라탕[음식] | 说话 shuō//huà 통 말하다, 이야기하다 | 小心 xiǎoxīn 통 조심하다, 주의하다
参加 cānjiā 통 참석하다, 참가하다 | 会议 huìyì 명 회의

12 곧 시작해요 要

조동사 '要'는 '了'와 함께 쓰여 어떠한 일이 곧 발생함(임박해 옴)을 나타낼 수도 있어요. 그리고 자주 '快要'나 '就要'의 형태로도 사용되는데, 이때의 의미 차이와 주의할 점도 이번 시간에 같이 살펴볼게요. 그럼 가장 기본적인 '要……了'를 활용한 문장을 먼저 볼까요?

🎧12

응급 처치 문장

1 비가 오려고 합니다.

要　下雨　了。
Yào　xià yǔ　le.

비 내리다

임박

2 곧 수업을 시작합니다.

要　上课　了。
Yào　shàngkè　le.

수업하다

임박

주치의 진단

'要'가 '了'와 함께 쓰여 어떠한 일이 곧 발생(임박)함을 나타낼 때, '要'는 동사 앞, '了'는 문장 끝에 놓이는데요, 얼마나 임박해 오는지 정도를 조금이라도 구분할 수 있으면 더 좋겠죠? [추가 진료 문장]에서 예문과 함께 하나씩 살펴보도록 해요.

⬤ 추가 진료 문장

1 나는 곧 시험을 봅니다.

我 快(要) 考试 了。

Wǒ kuài(yào) kǎoshì le.
나 ↑ 시험을 보다
임박

> '快要'는 '곧 ~하려 하다'라는 의미로 일의 발생이 '要……了'에 비해 보다 가까이 왔음(임박함)을 나타내요. 그리고 이때는 '要' 없이 '快'만 사용하기도 하는데, 의미 변화는 없습니다.

2 리쥔과 리나는 곧 결혼합니다.

李军 和 李娜 快(要) 结婚 了。

Lǐ Jūn hé Lǐ Nà kuài(yào) jiéhūn le.
리쥔 과 리나 ↑ 결혼하다
임박

3 내 남동생은 다음 달에 곧 출국합니다.

我弟弟 下个月 要 出国 了。

Wǒ dìdi xià ge yuè yào chūguó le.
내 남동생 다음 달 ↑ 출국하다
임박

> 1, 2번 문장과 3, 4번 문장의 다른 점은 무엇일까요? 바로 3, 4번 문장에는 '시간사'가 있다는 것인데요, 이렇게 구체적인 시간이 명시되어 있을 경우에는 '快'나 '快要'를 쓸 수 없어요. 주로 '要'나 '就要'를 사용합니다. 이 부분은 실수 없도록 다시 한번 기억하세요.

4 비행기는 세 시에 곧 이륙합니다.

飞机 三点 就要 起飞 了。

Fēijī sān diǎn jiù yào qǐfēi le.
비행기 세 시 ↑ 이륙하다
임박

下 xià 통 (눈, 비 등이) 내리다 I 雨 yǔ 명 비 I 上课 shàng//kè 통 수업하다 I 考试 kǎo//shì 통 시험을 보다
和 hé 접 ~와/과 I 结婚 jié//hūn 통 결혼하다 I 弟弟 dìdi 명 남동생 I 下 xià 명 다음, 나중 I 月 yuè 명 달, 월
出国 chū//guó 통 출국하다 I 飞机 fēijī 명 비행기 I 点 diǎn 양 시 I 起飞 qǐfēi 통 이륙하다

저 이거 할 줄 알아요

'要'에서 보셨겠지만 한 조동사가 하나의 뜻만 가지고 있지는 않아요. '숲'도 마찬가지인데요, '숲'는 조동사로 쓰일 때 대표적으로 '능력' '가능성' '추측' 이 세 가지 의미를 나타낼 수 있고, 또 어떠한 일을 능숙하게 잘함을 나타내기도 해요. 우선, 능력의 의미부터 살펴볼까요?

응급 처치 문장

1　나는 한자를 칠 줄 압니다.

我　会　打　汉字。

Wǒ　huì　dǎ　Hànzì.
나　↑　치다　한자

조동사(능력): ~할 줄 알다

2　그는 수영을 할 줄 모릅니다.

他　不　会　游泳。

Tā　bú　huì　yóuyǒng.
그　↑　↑　수영하다

　　부정　조동사(능력)

 주치의 진단

'숲'가 능력을 나타낼 때는 '학습' '연습'을 통해 어떠한 것을 할 줄 알고 있음을 나타냅니다. 1번 문장은 한자 입력 방법을 배워서 '타자를 칠 줄 안다'라는 의미이고, 2번 문장은 수영을 배우지 않아 '수영을 할 줄 모른다'라는 의미입니다. 그런데 '숲'를 사용해 능력을 표현한 경우에는 얼마나 잘하는 지 그 정도는 포함되어 있지 않습니다.

1 내일 눈이 올까요?

明天 会 下雪 吗?

Míngtiān huì xià xuě ma?

내일   눈 내리다

조동사(가능성): ~할 가능성이 있다

> '会'는 어떤 일이 일어날 가능성을 나타낼 때 쓸 수 있어요.

2 나는 계속 노력할 것입니다.

我 会 继续 努力 的!

Wǒ huì jìxù nǔlì de!

나   계속하다 노력하다

조동사(추측): ~할 것이다

> '会'는 문장 끝에 '的'를 써서 '会……的' 구조로 사용하기도 하는데, 이때는 확신이 있는 추측을 나타냅니다.

3 그녀는 진짜 말을 잘합니다.

她 真 会 说 啊!

Tā zhēn huì shuō a!

그녀 진짜   말하다

조동사(잘함): ~을/를 잘하다

> '会'는 어떤 일을 잘함을 나타낼 때도 쓰여요. 이때는 주로 기술적인 부분을 이야기합니다. 정도부사 '很' '真' 등과 자주 함께 쓰이니 같이 기억해 두세요.

打字 dǎ//zì 통 타자를 치다 ㅣ **汉字** Hànzì 고유 한자 ㅣ **游泳** yóu//yǒng 통 수영하다 ㅣ **明天** míngtiān 명 내일
雪 xuě 명 눈 ㅣ **继续** jìxù 계속하다 ㅣ **努力** nǔ//lì 통 노력하다 ㅣ **真** zhēn 부 진짜, 참으로, 정말로 ㅣ **说** shuō 통 말하다
啊 a 조 문장 끝에 쓰여 감탄을 나타냄

14 할 수 있다 능

'能'은 조동사 중에서도 나타낼 수 있는 뜻이 가장 많은 조동사인데요, 그래도 제일 대표적으로 나타내는 것은 '능력'이죠. 하지만 나타낼 수 있는 능력도 다양하니 하나도 놓치지 말고 다 확인해 보세요.

응급 처치 문장

1 나는 일 분 동안 60개의 한자를 칠 수 있습니다.

我 一分钟 能 打 60个汉字。

Wǒ　yì fēnzhōng　néng　dǎ　liùshí ge Hànzì.
나　　일 분 동안　　　　　치다　　60개 한자

조동사(능력): ~할 수 있다

2 나는 일 분 동안 50미터를 수영할 수 있습니다.

我 一分钟 能 游 50米。

Wǒ　yì fēnzhōng　néng　yóu　wǔshí mǐ.
나　　일 분 동안　　　　수영하다　　50미터

조동사(능력)

주치의 진단

능력을 나타낼 수 있는 또 다른 조동사 '会'의 예문과 어떤 차이가 있는지 혹시 눈치채셨나요? 바로 '能'의 예문에는 학습 그 이상의 능력에 대한 내용이 있다는 것인데요, '能'은 어떠한 능력을 구비하고 있다는 의미 외에 그 능력이 어느 정도 수준에 도달했음을 나타낼 때도 사용합니다. 이것이 '会'와의 가장 큰 차이점이에요.

➕PLUS ···

이제 조동사는 이 의미를 나타내는 조동사에는 어떤 것들이 있고, 같은 의미를 나타낼 때 이들 사이에 어떤 차이점이 있는지를 보아야 한다는 거 아시겠죠? 앞으로 학습할 조동사들도 이렇게 의미를 비교하며 보면 훨씬 이해가 잘 될 거예요.

추가 진료 문장

1 남자는 아이를 낳을 수 없습니다.

男人 不 能 生 孩子。

Nánrén bù néng shēng háizi.
남자 낳다 아이

↑ ↑
부정 조동사(능력)

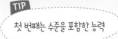

'能'만이 나타낼 수 있는 두 번째 능력은 바로 '신체적 능력'입니다.

TIP
첫 번째는 수준을 포함한 능력

2 감기가 다 나아서, 이제 나가 놀 수 있습니다.

感冒 好了， 现在 能 出去 玩儿 了。

Gǎnmào hǎo le, xiànzài néng chūqù wánr le.
감기 낫다 지금 나가다 놀다

↑ ↑ ↑
조동사(복원) 동작① 동작②

'能'만이 나타낼 수 있는 세 번째 능력은 잃었던 어떠한 능력을 복원 혹은 회복하였다는 조건 하의 능력입니다.

3 그녀는 오늘 수업이 있다고 들었는데, 이따가 올 수 있을까요?

听说 她 今天 有 课， 一会儿 能 来 吗?

Tīngshuō tā jīntiān yǒu kè, yíhuìr néng lái ma?
듣자 하니 그녀 오늘 있다 수업 이따가 오다

↑
조동사(가능)

'能'은 환경, 상황, 조건 등에 의한 가능성을 나타내기도 합니다. 이 동작이 일어날 가능성이 있는 객관적인 환경, 상황, 조건이 되는가를 말하는 거죠. 이것이 가능성을 나타낼 때 '会'와의 차이점이에요.

4 이 차에는 열 명이 탈 수 있습니다.

这辆车 能 坐 十个人。

Zhè liàng chē néng zuò shí ge rén.
이 차 타다 열 명

↑
조동사(가능성)

'能'은 사물 자체가 지닌 가능성을 나타낼 수도 있는데, '会'는 불가능해요.

分钟 fēnzhōng 분(시간의 양) | 米 mǐ 양 미터 | 男人 nánrén 명 남자 | 生 shēng 통 낳다, 태어나다
孩子 háizi 명 아이, 아동 | 感冒 gǎnmào 명통 감기(에 걸리다) | 现在 xiànzài 명 지금, 현재 | 出去 chū//qù 통 밖으로 나가다
玩儿 wánr 통 놀다 | 听说 tīngshuō 통 듣자 하니 | 今天 jīntiān 명 오늘 | 课 kè 명 수업, 강의
一会儿 yíhuìr 수량 잠시 후, 짧은 시간 내, 이따 | 这 zhè 대 이, 이것 | 辆 liàng 양 대[차를 세는 단위] | 车 chē 명 차
坐 zuò 통 (탈것에) 타다

41

허락만 하면 되는 줄 알았죠?

'可以'는 허가를 나타내는 대표적인 조동사인데요, '可以'가 허가 외에 가능성도 나타낸다는 사실을 알고 계셨나요? 이번 시간에 허가부터 가능성까지 모두 확인해 보도록 해요.

응급 처치 문장

1 당신은 쉬어도 됩니다.

你 可以 休息 了。

Nǐ　kěyǐ　xiūxi　le.

당신　　　　쉬다

조동사(허가): ~해도 된다

2 당신은 제 컴퓨터를 써도 됩니다.

你 可以 用 我的电脑。

Nǐ　kěyǐ　yòng　wǒ de diànnǎo.

당신　　　　사용하다　나의 컴퓨터

조동사(허가)

 주치의 진단

'可以'는 주로 허락을 해 주거나 공손하게 허가를 요청하는 긍정문과 의문문으로 쓰여요. 허가를 나타내는 '可以'의 부정형으로는 '不能'을 주로 사용하는데, '不可以'는 불허보다는 '금지'의 의미가 강하기 때문이에요.

1 영화를 볼 때는 사진을 찍으면 안 됩니다.

看 电影 的时候， 不 可以 拍照。

Kàn diànyǐng de shíhou, bù kěyǐ pāizhào.
보다 영화 ~할 때 부정 조동사(허가) 사진을 찍다

> '不可以'를 쓰는 경우는 어떠한 행위를 금지하는 상황이라는 것 기억하세요!

2 A: 여기에서 담배를 피워도 됩니까, 안 됩니까?
B: 안 됩니다.

Ⓐ 在这儿 可不可以 抽烟?

Zài zhèr kě bu kěyǐ chōu yān?
여기에서 정반의문 담배를 피우다

Ⓑ 不行。

Bùxíng.
안 된다

> 공손하게 허락을 구하거나 허가가 되었는지를 물을 때 '可以'를 사용하는 가장 대표적인 경우예요. 그리고 허락을 구하는 질문에 부정으로 답할 때는 '不能' 뿐만 아니라 '不行'도 사용 가능합니다. 단, '不行'은 허락에 대한 부정 답변일 때만 사용 가능하다는 것 기억하세요!

3 요가를 하는 것은 다이어트가 될 수 있습니다.

练 瑜伽 可以 减肥。

Liàn yújiā kěyǐ jiǎnféi.
익히다 요가 다이어트하다
조동사(가능): ~할 수 있다

> '可以'가 가능성을 나타낼 때는 객관적인 사실에 근거해서 실제로 가능성이 있는지 없는지만을 나타내요.

4 이번 주말에 당신 이사하는 거 도와줄 수 있어요.

这周末 我 可以 帮 你 搬家。

Zhè zhōumò wǒ kěyǐ bāng nǐ bānjiā.
이번 주말 나 돕다 당신 이사하다
조동사(가능)

休息 xiūxi 통 쉬다, 휴식을 취하다 | **电脑** diànnǎo 명 컴퓨터 | **这儿** zhèr 대 이곳, 여기 | **抽** chōu 통 피우다, 빨다
烟 yān 명 담배 | **不行** bùxíng 통 허락하지 않다 | **练** liàn 통 연습하다, 단련하다 | **瑜伽** yújiā 명 요가
周末 zhōumò 명 주말 | **帮** bāng 통 돕다 | **搬家** bān//jiā 통 이사하다

'应该'는 '~해야 한다'라는 의무를 나타내는 대표적인 조동사인데요, 의무를 나타내는 또 다른 조동사인 '要'와는 어떤 차이점이 있을까요?

응급 처치 문장

1 우리는 노인에게 자리를 양보해야 합니다.

我们 应该 给老人 让 座位。

Wǒmen yīnggāi gěi lǎorén ràng zuòwèi.
우리 노인 양보하다 자리

조동사(의무) 전치사: ~에게

2 운전할 때, 우리는 초보 운전자에게 양보해야 합니다.

开车 时, 我们 应该 让 新手。

Kāichē shí, wǒmen yīnggāi ràng xīnshǒu.
운전하다 ~할 때 우리 양보하다 초보자

조동사(의무)

주치의 진단

'要'가 자발적으로 해야 하는 일(주로 자신을 위한 일)에 대한 의무를 나타냈다면, '应该'는 이치, 도리, 양심, 규칙상의 의무를 나타냅니다. 말하는 사람의 생각에 당연히 그래야 한다고 여겨지는 것들(주로 공공을 위한 일)에 대한 의무라고 말할 수 있어요.

1 지금 주문하면 내일 아침에는 도착할 거예요.

现在 订购 的话, 明天 早上 应该 能 到。

Xiànzài dìnggòu dehuà, míngtiān zǎoshang yīnggāi néng dào.

지금   주문하다   ~라면/다면   내일   아침   도착하다

조동사
(추측)   조동사
(가능)

> '应该'가 추측을 나타낼 때는 '당연히'라는 의미가 내포되어 '당연히 ~할/일 것이다'라고 해석됩니다.
> '가능성'을 나타낼 때에는 조동사 '会'를 사용했을 때보다 더 가능성이 높음을 표현합니다.

2 당신들은 친구니까 서로 도와야 합니다.

> '应该'는 회화에서 '该'로 줄여 사용되기도 합니다.

你们 是 朋友, 该 互相 帮助。

Nǐmen shì péngyou, gāi hùxiāng bāngzhù.

당신들   이다   친구   서로   돕다

조동사(당위)

3 벌써 열두 시가 되었습니다. 자야 합니다.

> '该'는 '该……了'의 형태로 쓰여 '~할 때가 되었다'의 의미를 나타내기도 합니다.

都 十二点 了, 该 睡觉 了。

Dōu shí'èr diǎn le, gāi shuìjiào le.

이미   열두 시   잠을 자다

조동사(의무)

4 날이 어두워졌습니다. 집에 가야 합니다.

天 黑 了, 该 回家 了。

Tiān hēi le, gāi huí jiā le.

날   어둡다   귀가하다

조동사(의무)

老人 lǎorén 몡 노인 | **座位** zuòwèi 몡 자리, 좌석 | **时** shí 몡 때, 시기 | **新手** xīnshǒu 몡 신참, 초보자
订购 dìnggòu 동 주문하다, 예약하여 구입하다 | **的话** dehuà 조 ~하다면, ~라면 | **早上** zǎoshang 몡 아침
到 dào 동 도착하다 | **你们** nǐmen 대 너희들, 당신들 | **朋友** péngyou 몡 친구 | **互相** hùxiāng 부 서로
帮助 bāngzhù 동 돕다 | **都** dōu 부 이미, 벌써 | **睡觉** shuì//jiào 동 잠을 자다 | **天** tiān 몡 하루, 날, 일(日), 하늘
黑 hēi 휑 어둡다, 깜깜하다

다 끝났어 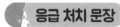 完

왠지 선생님께 받았던 도장이 떠오르는 동사 '完'입니다. '完'은 '끝나다' '완성하다'의 의미를 가지고 있어요. 그래서 일상생활에서 의외로 재미있게 사용되기도 하고, 다른 동사 뒤에서 결과보어로 든든하게 활약하기도 합니다. 이번 시간에는 결과보어로 쓰인 경우에 더 집중해 보면서 결과보어에 대해서도 잘 알아보도록 해요.

응급 처치 문장

1 끝났어요, 끝났어요, 저 연필을 가져오지 않았어요.

完了, 完了, 我 没 带 铅笔。

Wán le, wán le, wǒ méi dài qiānbǐ.
끝났다   끝났다   나   ↑   휴대하다   연필
                    부정

2 다 닦았습니다.

我 擦完 了。

Wǒ cāwán le.
나   닦다   ↑
       결과보어(완결, 완성)

 주치의 진단

'完'은 우리말 '망했어'와 같은 의미로 쓰이기도 해요. 1번 문장처럼 일상에서 사용해 보세요. 그리고 '完'은 결과보어로 쓰일 때도 의미 변화 없이 '동작의 마침'을 뜻합니다. 가장 자주 쓰이는 결과보어 중 하나이기도 해요.

➕ PLUS ┈┈┈

중국어는 동사만으로 그 동작의 결과까지 완벽하게 전달하지 못해요. 그래서 다양한 결과보어들이 동사 뒤에서 동작의 결과를 보충해 주는데, 몇몇 동사와 거의 대부분의 형용사가 결과보어의 역할을 합니다. 이때, '完'과 같이 본래의 의미가 그대로 쓰이는 경우도 있지만 달라지는 경우도 많으니 자주 쓰이는 결과보어의 의미를 잘 알고 있는 것이 더 자연스러운 중국어를 구사하는 데 도움이 되요.

1 왕웨이는 신체검사를 다 했습니다.

王伟 做完了 身体检查。

Wáng Wěi　　zuòwán le　　shēntǐ jiǎnchá.
왕웨이　　　하다 ↑　　　신체검사

결과보어(완결, 완성)

> '하다'라는 동사만으로는 그 동작을 마쳤는지 아닌지를 알 수 없어요. 그래서 '完'이 필요해요.

2 가지 마세요, 저 아직 말 끝나지 않았어요.

别 走, 我 还 没 说完 呢。

Bié　　zǒu,　　wǒ　　hái　　méi　　shuōwán　　ne.
　　　　가다　　나　　아직　　　　말하다 ↑

别+동사:　　　　　　　　부정　　　　어기조사
~하지 마세요　　　　　　　　　결과보어
　　　　　　　　　　　　　　　(완결, 완성)

> 결과보어가 있다는 것은 이미 동작을 했다는 뜻이기 때문에, 부정 역시 '没(有)'로 합니다. 그리고 '没'는 '还没……呢 아직 ~하지 않았다'의 형태로 자주 사용되니 세트로 알아 두세요.

TIP

> '去'는 뒤에 목적지가 꼭 필요합니다. 하지만 '走'는 목적지가 필요하지 않아요. 그래서 '去'는 어디에 가는지에 초점을 맞추고, '走'는 단순히 가는 그 동작에 초점을 맞춘 단어입니다.

➕ PLUS

'没(有)'는 과거를 부정한다고 기억해 두면 헷갈릴 때 도움이 될 거예요.

3 그 미국 드라마 당신 다 봤나요?

那部美剧，你 看完 了 吗?

Nà bù měijù,　　nǐ　　kànwán　　le　　ma?
그 미드　　　　당신　　보다 ↑

　　　　　　　　　　결과보어(완결, 완성)　　의문

> 결과보어가 있는 문장엔 거의 '了'가 함께 하겠죠? 결과가 있다는 건 동작을 완료했다는 뜻이니까요. 그래서 결과보어가 들어간 문장의 부정문, 의문문을 만드는 방법은 '了'가 들어간 문장의 부정문, 의문문을 만드는 방법과 동일합니다.

4 당신 숙제 다 했습니까, 안 했습니까?

你 做完 作业 了 没有?

Nǐ　　zuòwán　　zuòyè　　le　　méiyǒu?
당신　　하다 ↑　　숙제

결과보어(완결, 완성)　　　　정반의문

> 결과보어는 꼭 동사 바로 뒤에 붙어 사용돼요. 그 사이에는 아무것도 들어갈 수 없습니다.

带 dài 통 휴대하다, 지니다 | 铅笔 qiānbǐ 명 연필 | 擦 cā 통 (천 등으로) 닦다 | 做 zuò 통 하다
身体 shēntǐ 명 신체, 건강, 몸 | 检查 jiǎnchá 통 검사하다 | 别 bié 부 ~하지 마라 | 还 hái 부 아직
呢 ne 조 동작이나 상황의 지속을 나타냄 | 那 nà 대 그, 저 | 部 bù 양 부[책, 영화 등을 세는 단위]
美剧 měijù 명 미국 드라마('美国电视剧'의 줄임말) | 作业 zuòyè 명 숙제

눈 부릅! 귀 쫑긋!

우리가 '만나다' '보다'라는 의미로 알고 있는 '见', 결과보어로 사용될 때는 전혀 다른 의미가 됩니다. 우리말로 설명하기에는 어색한 감이 있지만 실제로 사용되는 문장을 보면 "와, 없으면 안되겠다." 싶을 거예요. 이번 시간에는 다양한 예문을 통해 '见'이 결과보어로 쓰였을 때의 의미를 확실히 이해해 보아요.

응급 처치 문장

1   우리 내일 어디에서 만날까요?

我们 明天 在哪儿 见?

Wǒmen　míngtiān　zài nǎr　jiàn?
우리　　　내일　　　어디　　만나다

전치사: ~에서

동사

2   나는 방금 장리를 봤습니다.

我 刚才 看见 张丽 了。

Wǒ　gāngcái　kànjiàn　Zhāng Lì　le.
나　　방금　　보다　　　장리

결과보어(감지)

 주치의 진단

'见'이 결과보어로 쓰일 때는 감각을 통해 감지하게 되었음을 나타냅니다. 이렇게 얘기하니 무슨 뜻인지 이해하기 쉽지 않죠? 2번 문장을 보면서 얘기해 볼까요? '看'은 '보다'라는 의미를 가지고 있어요. 하지만 '보다'와 '보이다'는 의미가 다르죠? '보다'는 내 의지로 일어나는 동작이고, '보이다'는 내 의지가 없어도 시력이 있으니 눈앞에 있으면 보이게 되는 것이니까요. 내 의지가 없어도 감각을 통해 하게 되는 동작을 말할 때가 바로 '见'을 결과보어로 사용해야 할 때입니다.

추가 진료 문장

1 그가 나를 봤습니까?

他 看见 我 了 吗?

Tā　kànjiàn　wǒ　le　ma?
그　보다　나　　　의문
　　결과보어(감지)

[응급 처치 문장] 2번과 이 문장 모두 의도적으로 본 것이 아니라 보인 것을 뜻합니다. 그래서 이 문장도 그가 나를 쳐다봤는가를 묻는 것이 아니라 우연히 나를 보게 되었는가를 묻는 거예요.

2 나는 공원에서 꽃향기를 맡았습니다.

我 在公园 闻见 花香 了。

Wǒ　zài gōngyuán　wénjiàn　huāxiāng　le.
나　　공원　맡다　꽃향기
전치사: ~에서　결과보어(감지)

여기에서 '맡았다'라는 것은 내가 꽃을 가져다가 코에 대고 냄새를 맡은 것일까요? 아니죠, '见'이 있으니까 내가 그렇게 하지 않았어도 나의 후각을 통해 꽃향기가 맡아졌다는 뜻이겠죠?

3 방금 들었어요, 못 들었어요?

刚刚 你 听见了 什么 没有?

Gānggāng　nǐ　tīngjiàn le　shénme　méiyǒu?
방금　당신　듣다　어떤, 무슨
　　결과보어(감지)　　정반의문

여기에서 들었다는 것도 마찬가지입니다. 직접 귀에 대고 들은 것이 아니라 청각을 통해 어떠한 소리가 들렸는가를 묻는 문장이에요.

4 나는 어떤 소리도 못 들었어요.

我 没 听见 什么 声音 啊。

Wǒ　méi　tīngjiàn　shénme　shēngyīn　a.
나　　듣다　어떤, 무슨　소리
　부정　결과보어(감지)

여기에서 무슨 소리를 못 들었다는 것은 어떠한 소리도 들리지 않았다는 뜻입니다.

闻 wén 통 냄새를 맡다 ㅣ 花香 huāxiāng 명 꽃향기 ㅣ 听 tīng 통 듣다 ㅣ 声音 shēngyīn 명 소리, 목소리

HSK 1급
19 잡았다! 住

'住'가 결과보어로 쓰였을 때 동사로서의 본래 의미인 '거주하다'의 의미를 갖진 않지만 그래도 꽤 연관성이 있어요. 거주한다는 것은 한곳에 고정적으로 머무는 것을 뜻하잖아요? 이처럼 '住'가 결과보어로 쓰일 때는 동작의 결과를 '고정시켜 두다'라는 의미를 보충해 줍니다. 그럼 예문을 통해서 확실히 숙지해 볼까요?

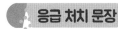

1 당신은 어디에 거주하나요?

你 住 哪儿?
Nǐ   zhù   nǎr?
당신   거주하다   어디

2 왕웨이는 내 손을 잡았습니다.

王伟 牵住了 我的 手。
Wáng Wěi   qiānzhù le   wǒ de   shǒu.
왕웨이   나의   손

결과보어(고정)   손을 잡다

> **TIP**
> 중국어에는 '동사+목적어'의 구조로 이루어진 '이합동사'가 있는데, 이합동사는 동사 자체에 목적어를 가지고 있기 때문에 동사 뒤에 목적어가 올 수 없어요.
> 예 牵手(잡다+손) / 睡觉(자다+잠) / 见面(보다+얼굴)
> 이합동사가 목적어를 가져야 하는 경우 2번 문장처럼 이합동사의 두 번째 성분을 수식하는 관형어(我的)로 만들어 쓸 수 있습니다.

우리말은 손을 잡았다고 하면 "잡고 있겠구나."라고 당연히 생각하잖아요? 중국어는 그렇지 않아요. 잡는 동작을 한 것은 한 것이고, 잡은 상태로 동작을 고정시켜 지금도 잡고 있다는 것은 결과보어로 그 의미를 보충해 주어야 해요. 지금은 이런 결과보어의 활용이 어색하게 느껴지겠지만 걱정하지 마세요. 익숙해지면 없으면 너무나 허전하고 있으면 너무나 유용한 것이 바로 결과보어니까요.

응급 처치 문장

주치의 진단

1 복사기 안의 종이가 걸렸습니다.

复印机里的纸 卡住 了。

Fùyìnjī li de zhǐ　　qiǎzhù　　le.

복사기 안의 종이　　걸리다 ↑

결과보어(고정)

> 생각만해도 아찔한 상황이네요. 이때도 결과보어가 없이는 그 의미를 구체적으로 정확하게 전달하기가 힘들어요. '住'가 있음으로써 "아, 종이가 걸린 상태로 고정되어 있구나."라는 걸 확실히 알 수 있는 거죠.

2 내 이름, 기억했습니까?

我的名字 你 记住 了 吗?

Wǒ de míngzi　　nǐ　　jìzhù　　le　　ma?

나의 이름　　당신　기억하다 ↑　　　↑

결과보어(고정)　　의문

> 동사 '记'만으로는 기억하는 동작밖에 나타낼 수가 없어요. 기억하는 동작을 했지만 그래서 이름을 알고 있는지 아닌지는 알 수 없는 거죠. 하지만 기억해서 고정시켜 둔다면? '기억을 했고 이름을 알고 있다'라는 의미까지 전달이 돼요.

3 거기 서!

你 给我 站住!

Nǐ　　gěi wǒ　　zhànzhù!

당신　↑　나　서다 ↑

전치사: ~에게　결과보어(고정)

> '서다'라는 동작을 한 후 그 동작을 고정시켜 두어야 더는 도망가지 않는다는 걸 전달할 수 있겠죠?

4 자동차가 갑자기 멈췄습니다.

汽车 突然 停住 了。

Qìchē　　tūrán　　tíngzhù　　le.

자동차　갑자기　멈추다 ↑

결과보어(고정)

> 이 문장은 '停' 자체가 '멈추다'라는 의미를 가지고 있지만, '住'가 있어서 '차가 멈추어 더 이상 움직이지 않는다'라는 의미를 더 분명하게 나타낼 수 있어요.

牵手 qiān//shǒu 통 손을 잡다 | **复印机** fùyìnjī 명 복사기 | **纸** zhǐ 명 종이 | **卡** qiǎ 통 걸리다, 끼이다
名字 míngzi 명 이름 | **记** jì 통 기억하다, 암기하다 | **站** zhàn 통 (멈춰) 서다, 정지하다 | **汽车** qìchē 명 자동차
突然 tūrán 부 갑자기 | **停** tíng 통 멈추다

20 언제까지요?

혹시 너무 쉬운 동사라 실망하셨나요? 결과보어로 사용하면 이야기가 달라집니다. 결과보어의 또 다른 형태도 이번 시간에 볼 수 있을 거예요. 우선, 동사로 쓰인 문장부터 보면서 워밍업 해 볼까요?

응급 처치 문장

1 저 도착했습니다!

我 到 了!
Wǒ　dào　le!
나　도착하다

2 당신 상하이에 도착했습니까?

你 到 上海 了 吗?
Nǐ　dào　Shànghǎi　le　ma?
당신　도착하다　상하이

 주치의 진단

'到'가 동사로 쓰일 때는 아주 간단합니다. 말 그대로 '도착하다'라는 뜻이에요. 1번 문장처럼 목적어 없이 써도 좋고, 2번 문장처럼 어디에 도착했는지 구체적으로 전달해도 좋아요.

➕ PLUS ---

중국에서 출석을 부를 때 이름이 호명되면 '도착했다'라는 의미로 "到!"라고 답합니다.

52

1 나는 드디어 그 책을 샀습니다.

我 终于 买到了 那本书。

Wǒ zhōngyú mǎidào le nà běn shū.
나　드디어　사다↑　　그 책

결과보어(목적 달성)

> '到'가 결과보어로 쓰일 때는 목적의 달성을 나타냅니다. '买'만 쓰게 되면 그저 '사다'의 의미만 있지만, 결과보어 '到'가 함께 오면 사고 싶었지만 사기 힘들었던 물건을 드디어 '샀다'라는 의미까지 전달됩니다.

2 콘서트 티켓은 당신 찾았습니까, 못 찾았습니까?

演唱会的票 你 找到 了 没有?

Yǎnchànghuì de piào nǐ zhǎodào le méiyǒu?
콘서트 티켓　당신　찾다↑　　　정반의문

결과보어(목적 달성)　　정반의문

> '找'만으로는 찾는 동작을 한 것만 나타낼 수 있을 뿐 그 결과는 알 수 없지만, 결과보어 '到'를 함께 씀으로써 찾는 동작을 했고 찾아냈다는 의미까지 전달되었어요.

3 나는 걸어서 당신 집 문 앞에 도착했습니다.

我 走到 你家门口 了。

Wǒ zǒudào nǐ jiā ménkǒu le.
나　걷다↑　당신 집 문 앞

결과보어(장소의 도착점)

> 결과보어 '到'는 명사와 함께 세트로 오기도 해요. 3, 4번 문장이 바로 그런 경우인데요. '到'가 본래 가지고 있던 '도착하다'의 의미를 그대로 갖고 있어서 동작이 도달한 시간이나 장소를 보충해 주는 용도로 쓰여요. 3번 문장은 걷는 동작의 결과가 도달한 장소가 '당신의 집 문 앞'이라는 것을 전달해 주었고, 4번 문장은 잠을 자는 동작의 결과가 낮 열두 시에 도달했다는 것을 나타낸 거예요.

4 왕웨이는 자주 낮 열두 시까지 잡니다.

王伟 经常 睡到 中午十二点。

Wáng Wěi jīngcháng shuìdào zhōngwǔ shí'èr diǎn.
왕웨이　자주　자다↑　　낮 열두 시

결과보어(시간의 도착점)

上海 Shànghǎi 고유 상하이[지명] | 终于 zhōngyú 부 마침내, 드디어 | 本 běn 양 권 | 书 shū 명 책
演唱会 yǎnchànghuì 명 콘서트 | 票 piào 명 표, 티켓 | 找 zhǎo 동 찾다 | 门口 ménkǒu 명 입구, 현관
经常 jīngcháng 부 자주, 늘, 항상 | 睡 shuì 동 잠자다 | 中午 zhōngwǔ 명 정오, 점심때

1 다음 문장을 부정문으로 바꾼 것 중 옳은 것을 고르세요.

> 我要喝果汁。 나는 주스를 마시려고 합니다.

① 我不要喝果汁。   ② 我没要喝果汁。

③ 我不想喝果汁。   ④ 我没想喝果汁。

⑤ 我不能喝果汁。

2 다음 중 옳지 않은 문장을 고르세요.

① 我弟弟明年快要毕业了。   ② 我快要上课了。

③ 李军要下班了。   ④ 李娜下个月就要结婚了。

⑤ 我下星期要回国了。

3 빈칸에 들어갈 알맞은 조동사를 고르세요.

> 我 ☐ 打乒乓球。 나는 탁구를 칠 줄 압니다.

① 想   ② 要   ③ 应该   ④ 可以   ⑤ 会

4 빈칸에 들어갈 알맞은 조동사를 골라 써 넣으세요.

1) 我 ☐ 用汉语跟中国人聊天儿。（会 / 能）

2) 我看今天下午不 ☐ 下雨。（会 / 能）

5 주어진 문장을 정반의문문으로 바꾸세요.

我可以请假吗？   제가 휴가를 내도 되겠습니까?

⟶ _____ ?

6 단어를 배열하여 문장을 완성해 보세요.

我们 / 给孕妇 / 让座 / 应该
우리는 임산부에게 자리를 양보해야 합니다.

→ _____。

*孕妇 임산부 | 让座 좌석을 양보하다

7 다음 중 결과보어 '完'이 들어갈 자리로 알맞은 것을 고르세요.

 A 我 B 写 C 作业 D 了 E 。
나는 숙제를 다 했습니다.

① A   ② B   ③ C   ④ D   ⑤ E

8 빈칸에 들어갈 알맞은 결과보어를 고르세요.

我在路上闻 [　　　] 花香了。
나는 길에서 꽃향기를 맡았습니다.

① 见   ② 完   ③ 懂   ④ 住   ⑤ 光

9 다음 중 '住'를 사용할 수 없는 문장을 두 개 고르세요.

① 雨突然停(　　)了。   ② 警察抓(　　)了那个小偷。
③ 我没听(　　)她的声音。   ④ 你记(　　)我的电话号码了吗?
⑤ 我做(　　)饭了。

10 단어를 배열하여 문장을 완성해 보세요.

十点 / 到 / 我 / 学习 / 了 / 昨天 / 晚上
나는 어제 저녁 열 시까지 공부했습니다.

→ _____。

'给'는 동사로도, 전치사로도 쓰이는데 동사로 쓰일 때는 '주다'의 의미를, 전치사로 쓰일 때는 '~에게'의 의미를 가져요. 그리고 전치사로 쓰인 '给'는 결과를 나타내는 보어의 용법으로도 사용되는데, 의미상의 차이는 크게 없습니다. 다만 전치사로 쓰일 때는 동작에 전제 조건을 더해 주는 역할로, 결과보어로 쓰일 때는 동작의 결과를 보충해 주는 역할로 쓰였다는 차이가 있을 뿐이에요. 해석해 놓고 보면 큰 차이는 없으니 너무 고민하지 마세요.

응급 처치 문장

1 나에게 당신의 사진을 줄 수 있습니까?

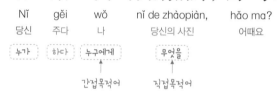

你　给　我　你的照片，好吗?
Nǐ　gěi　wǒ　nǐ de zhàopiàn,　hǎo ma?
당신　주다　나　당신의 사진　어때요
누가　하다　누구에게　무엇을
　　　간접목적어　직접목적어

2 리쥔은 저에게 펜 한 자루를 주었습니다.

李军　给了　我　一支笔。
Lǐ Jūn　gěile　wǒ　yì zhī bǐ.
리쥔　주다　나　펜 한 자루
누가　하다　누구에게　무엇을
　　　간접목적어　직접목적어

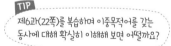
TIP
제6과(22쪽)를 복습하여 이중목적어를 갖는 동사에 대해 확실히 이해해 보면 어떨까요?

주치의 진단

'给'는 이중목적어를 갖는 동사인데요, 이때는 '누가-하다-누구에게-무엇을'의 순서를 기억하면 간단히 활용할 수 있어요. 여기서 '누구에게'의 부분은 '간접목적어', '무엇을'의 부분은 '직접목적어'라고 하는데, 이 명칭이 중요한 것은 아니니까 순서만 잘 기억해 두도록 해요.

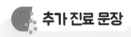

1 나는 리나에게 편지 한 통을 썼습니다.

我 给李娜 写了 一封信。
Wǒ gěi Lǐ Nà xiěle yì fēng xìn.
나 리나 쓰다 편지 한 통

전치사: ~에게

> '给'가 전치사로 쓰일 때는 동작의 결과가 향하는 대상을 이끄는 역할을 하고, 해석은 '~에게'로 해요.

2 당신은 주운 돈을 주인에게 돌려주었습니까?

你 把 捡到的钱 还给主人 了 吗?
Nǐ bǎ jiǎndào de qián huángěi zhǔrén le ma?
당신 주운 돈 돌려주다 주인에게 의문

누가 무엇을 처치 추가 의문

결과보어(대상)

> '给'가 결과보어로 쓰일 때는 동작의 결과가 향하는 대상을 보충해 주는데, 주로 '把'자문으로 사용되기 때문에 '把'자문에 대해 간단히 알려 드릴게요.
> '把'자문은 단순히 어떤 동작을 했다는 것이 아니라, 대상을 어떻게 처치했는지를 전달하는 문장으로 '처치문'이라고도 불려요. '把'를 이용해 목적어를 앞으로 끌어옴으로써 처치하는 부분을 강조해 줍니다.

3 장리는 그녀의 가방을 나에게 선물해 주었습니다.

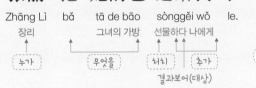

张丽 把 她的包 送给我 了。
Zhāng Lì bǎ tā de bāo sònggěi wǒ le.
장리 그녀의 가방 선물하다 나에게

누가 무엇을 처치 추가

결과보어(대상)

> **TIP**
> '把'자문에 대해 자세히 알고 싶다면 제44과 (102쪽)의 '把'자문 설명을 참고해 주세요!

照片 zhàopiàn 몡 사진 | 支 zhī 떙 자루, 개비 | 写 xiě 통 쓰다 | 封 fēng 떙 통[편지를 세는 단위] | 信 xìn 몡 편지 |
把 bǎ 젠 ~을/를 | 捡 jiǎn 통 줍다 | 还 huán 통 돌려주다 | 主人 zhǔrén 몡 주인 | 包 bāo 몡 가방

중국어를 배우면서 '听不懂 알아들을 수 없습니다'는 많이 들어 보셨을 텐데요, 이번 시간에 살펴볼 동사는 바로 여기에 나오는 '懂'입니다. '懂'은 동사로 사용해도 '이해하다', 결과보어로 사용해도 '이해하다'이니 편한 마음으로 함께 봐요.

응급 처치 문장

1 당신 이해했습니까?

你 懂 了 吗?

Nǐ   dǒng   le   ma?

당신   이해하다

2 당신이 쓴 문장 저 이해했습니다.

你写的句子 我 看懂 了。

Nǐ xiě de jùzi   wǒ   kàndǒng   le.

당신이 쓴 문장   나   보다 ↑

결과보어(이해)

주치의 진단

'懂'이 결과보어로 사용될 때는 동사일 때와 같이 '이해하다'의 의미를 갖습니다. 그래서 2번 문장은 당신이 쓴 문장을 내가 보았고 그 문장의 의미를 이해했다는 뜻인데요, 주로 외국어라서 그 언어를 해석하여 이해할 수 있다는 의미로 쓰입니다.

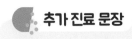
1 이 책의 내용을 저는 이해하지 못했습니다.

这本书的内容 我 没 看懂。

Zhè běn shū de nèiróng wǒ méi kàndǒng.
　이 책의 내용　　　　나　↑　　보다 ↑
　　　　　　　　　　　　부정　　결과보어(이해)

> 이 문장은 책을 보았으나 어떤 내용인지 이해하지 못함을 뜻해요.

2 내가 한 말을 당신 알아들었습니까, 못 알아들었습니까?

我说的话 你 听懂 了 没有?

Wǒ shuō de huà nǐ tīngdǒng le méiyǒu?
　내가 한 말　　당신　듣다 ↑　　　↑
　　　　　　　　　결과보어(이해)　　정반의문

> 내 말의 의미를 이해했냐는 뜻일 수도 있지만 역시 주로 외국어인 경우가 많습니다.

3 당신은 정말 철이 없군요!

你 真 不 懂事 啊!

Nǐ zhēn bù dǒngshì a!
당신 정말　↑　　철들다
　　　　　부정

> '懂'이 '事'과 함께 쓰여 '세상의 이치 등을 이해하다'라는 의미가 되기도 합니다.

句子 jùzi 몡 문장 | **内容** nèiróng 몡 내용 | **话** huà 몡 말 | **懂事** dǒng//shì 혱 철들다, 세상 물정을 알다

23 가까워지는 进

'进'은 바깥쪽에서 안쪽으로 '들다'라는 의미를 가지고 있어요. 단어 자체가 방향과 관련이 깊기 때문에 동사 뒤에서 방향을 보충해 주는 단순방향보어로 쓰이기도 하고, '来(화자에게 가까워지는 방향)' '去(화자에게서 멀어지는 방향)'와 합쳐져 복합적인 방향을 나타내는 복합방향보어로 변신하기도 합니다. 우선 동사로 사용된 경우부터 살펴볼까요?

응급 처치 문장

1 골인(goal in)!

球　进　了!

Qiú　jìn　le!

공　들다

2 눈에 뭐가 들어갔어요.

我眼睛里　进　东西　了。

Wǒ yǎnjing li　jìn　dōngxi　le.

내 눈 안에　들다　물건, 것

주치의 진단

'进'이 '어디에 무언가 들어가다'라는 의미로 사용될 때에는 단독 동사로 사용될 수 있어요. 단순히 바깥쪽에서 안쪽으로 들었다는 의미이죠. 다른 동사 뒤에서 동작의 방향을 보충해 주는 방향보어로 활약하는 '进'에 대해서는 [추가 진료 문장]에서 같이 살펴볼까요?

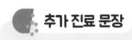 **추가 진료 문장**

1 학생들은 모두 교실 안으로 걸어 들어갔습니다.

学生们 都 走进了 教室。

Xuéshēngmen dōu　　zǒujìn le　　jiàoshì.

학생들　모두　걷다 들다　교실

↑
단순방향보어

> '进'은 동사이지만 의미 자체에 방향성이 있기 때문에 이렇게 일반 동사 뒤에서 방향을 더해 주는 단순방향보어로도 사용될 수 있어요.

2 리나는 갑자기 뛰어 들어갔습니다.

李娜 突然 跑进去 了。

Lǐ Nà　 tūrán　 pǎo jìnqu　le.

리나　갑자기　뛰다 들어가다

↑
복합방향보어

> 이 문장에서 '进'은 '去'와 합쳐져 '进去 들어가다'라는 의미의 동사가 되었는데요, '进去'는 일반 동사 뒤에서 '进'보다 구체적인 방향을 더해 주는 복합방향보어로 사용됩니다.

3 리나는 갑자기 방으로 뛰어 들어왔습니다.

李娜 突然 跑进房间来 了。

Lǐ Nà　 tūrán　 pǎo jìn fángjiān lai　le.

리나　갑자기　뛰다 방으로 들어오다

↑
복합방향보어

> 방향보어가 쓰인 문장에서 목적어가 장소이면 그 위치가 특별하기 때문에 포함해 봤어요. 장소 목적어의 위치는 '来' 혹은 '去'의 앞입니다. 그저 앞이라고만 기억했다가 복합방향보어 앞으로 보내지 않도록 주의하세요.

球 qiú 명 공 | 眼睛 yǎnjing 명 (신체의) 눈 | 东西 dōngxi 명 물건, 것 | 学生 xuésheng 명 학생
们 men 접미 ~들(복수를 나타냄) | 教室 jiàoshì 명 교실 | 跑 pǎo 동 뛰다

탈출 비법

이번 시간에 학습할 동사는 바로 '날 출' 자(字)입니다. 말 그대로 안쪽에서 바깥쪽으로 '나가다/나오다'라는 의미를 가지고 있는데요, '出'도 '进'과 마찬가지로 단어 자체가 방향과 관련이 깊기 때문에 동사 뒤에서 방향을 보충해 주는 단순방향보어로 쓰이기도 하고, '来(화자에게 가까워지는 방향)' '去(화자에게서 멀어지는 방향)'와 합쳐져 구체적인 방향을 나타내는 복합방향보어로 변신하기도 합니다. 우선 동사로 사용된 경우부터 살펴볼까요?

🎧24

응급 처치 문장

1   그는 이미 3일 동안 외출하지 않았습니다.

他 已经 三天 没 出门 了。

Tā　yǐjīng　sān tiān　méi　chūmén　le.

그　이미　3일간　　外출하다

2   큰일 났어요!

出 大事儿 了!

Chū　dàshìr　le!

발생하다　큰일

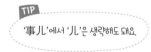
TIP
'事儿'에서 '儿'은 생략해도 돼요.

주치의 진단

'出'가 '나가다/나오다'라는 의미의 동사로 사용될 때는 다른 명사와 합쳐져 '出门' '出差' '出院' 등의 이합동사로 사용되는 경우가 많습니다. 그리고 2번 문장처럼 나오는 것과 관련된 또 다른 의미인 '발생하다' '출현하다' '분출하다' 등의 의미로도 많이 쓰입니다.

1 학생들은 수업이 끝나자마자 바로 교실을 뛰어나갔습니다.

学生们 一 下课 就 都 跑出了 教室。

Xuéshēngmen yí xiàkè jiù dōu pǎochū le jiàoshì.
학생들 　 수업이 끝나다 　 모두 뛰다 나가다 　 교실

一A就B: A하자마자 바로 B하다 　　 단순방향보어

'出' 역시 '进'과 마찬가지로 동사이지만 의미 자체에 방향성이 있기 때문에 일반 동사 뒤에서 방향을 더해 주는 단순방향보어로 사용될 수 있어요. '뛰는' 동작에 '나가는' 방향을 더해 준 거예요.

2 장리는 방금 지갑을 가지고 뛰어나갔습니다.

张丽 刚才 拿了 钱包 跑出去 了。

Zhāng Lì gāngcái nále qiánbāo pǎo chūqu le.
장리 방금, 막 쥐다 지갑 뛰다 나가다

복합방향보어

이 문장에서 '出'는 '去'와 합쳐져 '出去 나가다'라는 의미의 동사가 되었는데요, '出去'는 일반 동사 뒤에서 '出'보다 구체적인 방향을 더해 주는 복합방향보어로 사용됩니다.

3 좋은 방법 하나를 생각해 냈어요.

我 想出来了 一个好办法。

Wǒ xiǎng chūlai le yí ge hǎo bànfǎ.
나 생각해 내다 좋은 방법 하나

이 문장의 동사는 '想'인데, '생각하다'라는 동사에 방향이 더해질 수 있을까요? 방향이 더해질 수 없는 동사에 방향보어가 붙었다면 방향이 아닌 파생적인 의미를 더해 주는 것입니다. '想出来'는 생각이 나오는 것이니 '생각해 내다'라는 뜻이 됩니다.

4 당신인 줄 알아보지 못했어요.

我 没 看出来 是 你 啊。

Wǒ méi kàn chūlai shì nǐ a.
나 　 알아보다 이다 당신

'看'도 방향이 더해질 수 없는 동사인데 '出来'가 붙었으니 나오는 것과 관련이 있을까요? 봐서 나온다는 것은 바로 보고 누구 혹은 무엇인지를 인식해 내는 거예요.

+PLUS

그럼 응용 문제! '听出来'는 무슨 뜻일까요? 들어서 누구의 목소리인지 혹은 어떤 소리인지를 인식해 내는 것입니다.

已经 yǐjīng 🔹 이미, 벌써 | **出门** chū//mén 🔹 외출하다 | **大事儿** dàshìr 🔹 큰일, 대사 | **出差** chū//chāi 🔹 출장 가다
出院 chū//yuàn 🔹 퇴원하다 | **下课** xià//kè 🔹 수업이 끝나다 | **就** jiù 🔹 곧, 바로, 즉시 | **拿** ná 🔹 (손으로) 잡다, 쥐다
钱包 qiánbāo 🔹 지갑 | **办法** bànfǎ 🔹 방법

변신의 귀재 起来

동사로 '일어나다'라는 뜻을 가진 '起来'는 방향보어로도 사용되는데, 이때는 방향을 보충하는 용도보다 파생적 의미를 더해 주는 용도로 더 자주 쓰여요. 함께 쓰인 동사에 따라 달라지는 '起来'의 의미, 동사로 쓰인 경우부터 먼저 살펴보고 하나씩 같이 보도록 해요.

응급 처치 문장

1 저 이 의자를 쓰려고 해요. 좀 일어나 주세요.

我	要	用	这把椅子,	你	起来	一下。
Wǒ	yào	yòng	zhè bǎ yǐzi,	nǐ	qǐlái	yíxià.
나		사용하다	이 의자	당신	일어나다	좀 ~하다

　　　　조동사(의지)

2 벌써 열 시예요. 당신 얼른 일어나세요.

都	十点	了,	你	快	起来	吧。
Dōu	shí diǎn	le,	nǐ	kuài	qǐlái	ba.
이미	열 시		당신	얼른	일어나다	

　　　　　　　　　　　　　　　　청유·명령의 어기

주치의 진단

'起来'가 '일어나다'라는 의미의 동사로 쓰인 경우는 우리말과 같아 어렵지 않게 이해하고 활용할 수 있을 거예요. 말 그대로 앉은 상태에서 선 상태로, 혹은 누운 상태에서 앉거나 선 상태가 되는 '일어나다'와 잠에서 깨어나는 '일어나다'라는 의미로 사용할 수 있어요.

추가 진료 문장

1 왕웨이의 목소리는 매우 듣기 좋습니다.

王伟的声音 听起来 很 好听。

Wáng Wěi de shēngyīn tīng qǐlai hěn hǎotīng.

왕웨이의 목소리　듣기에 ~하다　매우　듣기 좋다

> '듣다'라는 동사에는 방향이 더해질 수 없지요? 그럼 파생적 의미가 더해졌다는 뜻인데 '듣다'와 '일어나다', 대체 어떤 의미일까요? '일어나다'는 아래에서 위로 쭉 올라오는 느낌이 들지 않나요? 그래서 그 느낌 그대로 '~하기에, ~해 보니' 정도로 해석하면 돼요.

2 이 세탁기는 비싸 보입니다.

这台洗衣机 看起来 很 贵。

Zhè tái xǐyījī kàn qǐlai hěn guì.

이 세탁기　보기에 ~하다　매우　비싸다

> '看起来'도 마찬가지입니다. '보기에, 봐 보니'로 해석해 주세요.

3 나는 그녀가 누구인지 생각났습니다!

我 想起来 她 是 谁 了!

Wǒ xiǎng qǐlai tā shì shéi le!

나　생각나다　그녀　이다　누구

> '想出来'는 생각이 나오는 것이라 '생각해 내다(원래 없던 것을 새로 생각해 낸 것)'의 의미가 되는데, 그럼 '想起来'는 어떻게 해석될까요? 생각이 '일어나는' 것이니까 잊고 있던 것이 생각난 것으로 해석할 수 있어요. 방향보어의 파생적 의미, 참 재미있지 않나요?

4 말하기는 쉬워도, 하기는 어렵습니다.

说起来 容易, 做起来 难。

Shuō qǐlai róngyì, zuò qǐlai nán.

말해 보다　쉽다　해 보다　어렵다

> "말은 쉽지." 우리가 자주 하는 말이죠? 중국어로 하면 이렇게 표현할 수 있어요. 통째로 외워 활용해 보세요.

把 bǎ 양 자루[손잡이가 있는 물건을 세는 단위] | 快 kuài 부 빨리, 급히 | 很 hěn 부 매우 | 好听 hǎotīng 형 듣기 좋다
台 tái 양 대[기계를 세는 단위] | 洗衣机 xǐyījī 명 세탁기 | 贵 guì 형 비싸다 | 谁 shéi 대 누구 | 容易 róngyì 형 쉽다
难 nán 형 어렵다

26 제가! 하겠습니다 来

'来'에 '오다'라는 의미만 있다고 생각한다면? '来'의 진가를 아직 모르는 거예요. 중국 영화나 드라마 등을 보다 보면 참 다양한 상황에서 '来'가 계속 들리지 않나요? 이번 시간에 그 이유를 알려 드릴게요.

응급 처치 문장

1 제가 하겠습니다.

我 来 吧。
Wǒ   lái   ba.
나   하다

2 저는 커피 한 잔 하겠습니다.

我 来 一杯咖啡。
Wǒ   lái   yì bēi kāfēi.
나   하다   커피 한 잔

주치의 진단

'来'는 '하다'라는 의미도 가지고 있어요. 물론 '做'와 같은 단순한 '하다'는 아니에요. '买(사다)' '吃(먹다)' '读(읽다)' 등과 같은 거의 모든 구체적 동작을 대신해 사용할 수 있어요. 1번 문장을 보면 어떤 동작인지 구체적으로 언급되어 있지는 않지만 어떠한 동작을 하겠다는 의미로 해석되는 거예요. 물론 말하는 사람과 듣는 사람 모두가 알고 있는 상황 속에서 사용하는 말입니다. 그리고 2번 문장도 '나는 커피 한 잔을 주문하겠다'라는 말인데 구체적 동작 '点(주문하다)' 대신 '来'를 사용한 문장이에요. 동작을 표현하는 단어가 기억 나지 않을 때 아주 유용하게 사용할 수 있겠죠?

추가 진료 문장

1 오늘은 제가 계산하겠습니다!

今天 我 来 买单!
Jīntiān wǒ lái mǎidān!
오늘 나 하다 계산하다

많이 들어 봤지만 '来'가 정확히 어떤 역할을 하는지는 몰랐던 문장들이죠? 1~3번 문장에 쓰인 '来' 역시 '하다'라는 뜻입니다. 하지만 뒤에 구체적인 동작이 있죠? 이런 경우에는 이 문장의 주어가 이 동작을 한다는 것에 초점을 맞춰 보세요. 예를 들어 1번 문장은 다른 사람이 아닌 바로 '내가' 계산하는 이 동작을 하겠다는 의미를 나타내는 거예요.
모두가 계산할 타이밍임을 알고 있는 상황에서 "我来吧."라는 한마디로 "제가 낼게요." 라고 간단하게 표현할 수도 있겠죠?

2 당신이 노래 한 곡 해 보세요.

你 来 唱 一首歌 吧。
Nǐ lái chàng yì shǒu gē ba.
당신 하다 부르다 노래 한 곡

↑ 청유·제안의 어기

3 당신이 이 요리 맛 좀 보세요.

你 来 尝尝 这道菜 吧。
Nǐ lái chángchang zhè dào cài ba.
당신 하다 맛보다 이 요리

↑ 동사 중첩   ↑ 청유·제안의 어기

4 자, 우리 수업을 시작합시다!

来, 我们 开始 上课 吧!
Lái, wǒmen kāishǐ shàngkè ba!
자 우리 시작하다 수업하다

우리가 어떤 동작을 할 때 굳이 말이 필요 없을 때가 있잖아요, 그럴 때 우리는 '자' 혹은 '여기' 등의 말을 하는데, '来'가 이런 역할도 할 수 있습니다.
어때요? 지금까지 '来'를 충분히 활용하지 못했다는 생각이 들지요? 앞으로는 더 다양한 상황에서 '来'를 사용해 보세요.

杯 bēi 명 잔 I **买单** mǎi//dān 동 계산하다 I **唱** chàng 동 노래하다 I **首** shǒu 양 곡[노래를 세는 단위] I **歌** gē 명 노래 I **道** dào 양 요리를 세는 단위 I **菜** cài 명 요리, 음식, 반찬

그래, 결정했어!

'决定'은 '결정하다'라는 의미를 가진 동사입니다. 여기까지만 보면 딱히 특별한 부분은 없어요. 하지만 '决定'은 목적어로 주로 문장이 온다는 사실을 알고 계시나요? '결정하다'라는 뜻이기 때문에 '~하기로' '~하는 것을'의 내용이 뒤따라오는 것이 당연해 보이지만 그래도 한번 확인해 보고 넘어가면 좋겠죠?

응급 처치 문장

1 나는 중국으로 유학을 가기로 결정했습니다.

我　　决定　　去　　中国　　留学。
Wǒ　juédìng　qù　Zhōngguó　liúxué.
나　　결정하다　가다　중국　　유학하다

동사구

2 리나는 매일 저녁밥을 모두 샐러드로 먹기로 결정했습니다.

李娜　决定　每天　晚饭　都　吃　沙拉。
Lǐ Nà　juédìng　měi tiān　wǎnfàn　dōu　chī　shālā.
리나　결정하다　매일　　저녁밥　모두　먹다　샐러드

문장

주치의 진단

'决定'이 문장이나 동사구 형태의 목적어를 가진다는 것은 이미 언급한 내용이니 문장 속에서 유의해서 봐야 할 부분을 한번 살펴볼까요?
1번 문장에서 '중국으로 유학 가는 것'을 중국어로 어떻게 썼나요? '중국에 가서 유학하다' 이렇게 연동문으로 썼지요? 한국인이 가장 헷갈려 하는 문장 중 하나예요. 꼭 기억해 두세요. '중국으로 출장 가다'도 마찬가지예요. '去中国出差'라고 써요. 그리고 2번 문장에 '每天都' 보이시죠? '每天'이나 '一直' 등 통합적인 의미를 가진 단어는 항상 뒤에 '都'로 의미를 묶어 줍니다. 없으면 안되니 꼭 세트로 기억해 두세요.

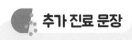

1 그는 그녀와 헤어지기로 결정했습니다.

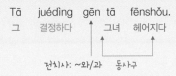

他 决定 跟她 分手。

Tā juédìng gēn tā fēnshǒu.
그 결정하다 그녀 헤어지다

전치사: ~와/과　동사구

> 앞으로 어떠하겠다는 결심을 나타내는 표현, 이제 어렵지 않게 '决定'을 사용해서 만들어 보세요!

> **TIP**
> 이 문장은 이합동사인 '分手'에 목적어를 추가하기 위해 전치사(跟)를 사용하여 목적어(她)가 이합동사 앞에 놓인 것입니다.

2 장리는 앞으로 술을 마시지 않기로 결정했습니다.

张丽 决定 以后 不再 喝 酒 了。

Zhāng Lì juédìng yǐhòu bú zài hē jiǔ le.
장리 결정하다 앞으로 마시다 술

다시는 ~하지 않겠다

문장

3 왕웨이는 회사를 떠나기로 결정했습니다.

王伟 决定 离开 公司。

Wáng Wěi juédìng líkāi gōngsī.
왕웨이 결정하다 떠나다 회사

동사구

每 měi 때 매 | **天** tiān 명 날, 일, 하루 | **晚饭** wǎnfàn 명 저녁밥 | **沙拉** shālā 명 샐러드 | **分手** fēn//shǒu 동 헤어지다
以后 yǐhòu 명 이후 | **再** zài 부 다시, 계속 | **酒** jiǔ 명 술 | **离开** líkāi 동 떠나다

퀴즈입니다! '看书'와 '读书'의 차이점은 무엇일까요? '看书'는 소리 없이 눈으로 읽는 것을 의미하는 반면, '读书'는 눈으로 읽는 것뿐만 아니라 소리 내어 낭독하는 것도 의미할 수 있어요. 그렇다면, 두 번째 퀴즈! '读书'는 '책을 읽다'라는 의미 외에 또 어떤 뜻이 있을까요? 정답은 [추가 진료 문장]에서 함께 보도록 하고, 우선 '읽다' '낭독하다'의 의미로 쓰인 문장부터 하나씩 보도록 해요.

응급 처치 문장

1 나는 매일 자기 전에 소설을 읽습니다.

我 每天 睡前 都 读 小说。
Wǒ　měi tiān　shuì qián　dōu　dú　xiǎoshuō.
나　매일　자기 전　모두　읽다　소설

2 당신 이 글자 어떻게 읽는 지 아세요?

你 知道 这个字 怎么 读 吗?
Nǐ　zhīdào　zhège zì　zěnme　dú　ma?
당신　알다　이 글자　어떻게　읽다

~을 알고 있습니까?

 주치의 진단

1번 문장의 '读'는 소설을 눈으로 읽는 것일 수도 있고, 낭독하는 것일 수도 있어요. 2번 문장의 '读'는 발음을 묻는 것이기 때문에 소리 내어 읽는 것을 뜻합니다. '读'의 기본적인 뜻으로 이 두 가지는 확실히 기억해 두세요.

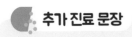
1 리쥔은 가장 열심히 공부하는 학생입니다.

李军 是 最用功读书的 学生。

Lǐ Jūn　shì　zuì yònggōng dúshū de　xuéshēng.
리쥔　이다　가장 열심히 공부하다　　학생

가장 열심히 공부하는

두 번째 퀴즈의 정답은 바로 '공부하다'입니다!

2 나는 중국에서 대학을 다닙니다.

我 在中国 读大学。

Wǒ　zài Zhōngguó　dú dàxué.
나　　중국　　대학을 다니다

전치사: ~에서

'大学、高中' 등 교육 기관과 함께 쓰인 '读'는 '학교에 다니다'로 해석해요.

3 당신은 올해 몇 학년 입니까?

你 今年 读几年级 啊?

Nǐ　jīnnián　dú jǐ niánjí　a?
당신　올해　몇 학년에 다니다

'年级'와 함께 쓰인 '读' 역시 '다니다'로 해석해서 학년을 묻고 답할 때 쓰입니다.

前 qián 몡 전, 이전 | 小说 xiǎoshuō 몡 소설 | 知道 zhīdào 동 알다 | 字 zì 몡 글자 | 怎么 zěnme 떼 어떻게
最 zuì 튀 가장 | 用功 yònggōng 툉 열심히 공부하다, 힘써 배우다 | 读书 dú//shū 동 공부하다, 학교에 다니다
大学 dàxué 몡 대학 | 今年 jīnnián 몡 금년, 올해 | 年级 niánjí 몡 학년

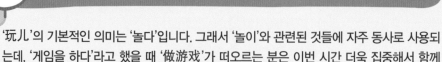

재미있는 건 모두 玩儿

'玩儿'의 기본적인 의미는 '놀다'입니다. 그래서 '놀이'와 관련된 것들에 자주 동사로 사용되는데, '게임을 하다'라고 했을 때 '做游戏'가 떠오르는 분은 이번 시간 더욱 집중해서 함께 해요.

응급 처치 문장

1   나는 오늘 매우 즐겁게 놀았습니다.

我　今天　玩儿　得　很开心。

Wǒ　jīntiān　wánr　de　hěn kāixīn.
나　　오늘　　놀다　　　　매우 즐겁다

정도보어

2   왕웨이는 매일 게임을 합니다.

王伟　天天　玩儿　游戏。

Wáng Wěi　tiāntiān　wánr　yóuxì.
왕웨이　　매일　　　하다　　게임

주치의 진단

'玩儿'은 1번 문장처럼 본래 뜻 그대로 '놀다'로 해석되는 경우도 있고, 2번 문장처럼 뒤에 목적어(주로 '놀이'와 관련된 것)가 와서 '하다'로 해석되는 경우도 있어요. '하다'라고 해서 전부 '做'가 아니라는 것 이번 시간을 통해 꼭 기억하세요.

1 당신은 이 컴퓨터 게임을 해 본 적이 있습니까?

你 玩儿过 这个电脑游戏 吗?

Nǐ　wánrguo　zhège diànnǎo yóuxì　ma?
당신　하다　　　　　이 컴퓨터 게임

↑
동태조사(경험)

> '玩儿'을 동사로 사용하는 가장 대표적인 것이 바로 게임인데요, 예문에 사용된 것처럼 컴퓨터 게임이나 보드게임 등 통칭은 물론 인형뽑기 등 구체적인 명칭에도 모두 '玩儿'을 '하다'의 의미로 사용할 수 있어요.

2 당신은 보드게임을 할 줄 압니까, 모릅니까?

你 会不会 玩儿 桌游?

Nǐ　huì bu huì　wánr　zhuōyóu?
당신　　　　　하다　보드게임

↑
조동사(능력) | 정반의문

3 핸드폰을 적게 하는 거, 어떻습니까?

你 少 玩儿 手机, 好吗?

Nǐ　shǎo　wánr　shǒujī,　hǎo ma?
당신　적게　하다　핸드폰　어때요

> 핸드폰을 한다고 할 때도 '做'를 사용하지 않고 '玩儿'을 사용해요. '做'는 '하다'라는 의미 외에 '만들다'라는 뜻도 있기 때문에 '做游戏' '做手机'라고 하면 '게임을 만들다' '핸드폰을 만들다'로 잘못 해석될 수 있기 때문이에요.

4 나는 유튜브를 하지 않습니다.

我 不 玩儿 YouTube。

Wǒ　bù　wánr　YouTube.
나　　　하다　유튜브

↑
부정

> 여기서 주의해야 할 것이 하나 있어요. 유튜브는 말 그대로 보는 것이기 때문에 '看'을 써서 이야기하면 되는데요, '玩儿'을 사용하면 내가 채널을 운영하고 영상을 올린다는 뜻이에요. 그래서 이 문장은 유튜브 영상을 안 본다는 뜻이 아니라 유튜브에 영상을 올리지 않는다는 뜻입니다.

开心 kāixīn 휑 즐겁다 ㅣ 游戏 yóuxì 명 게임 ㅣ 桌游 zhuōyóu 명 보드게임('桌上游戏'의 줄임말) ㅣ 少 shǎo 휑 적다

30 친구 찾기

우리말의 '찾다'도 잃어버렸거나 필요한 것을 찾는 것 외에 다양하게 확장해서 사용할 수 있죠? '找'도 마찬가지예요. 찾는다는 것은 필요로 하고 원한다는 뜻도 된다는 것을 생각해 보면 '找'가 사용된 문장 중에 그동안 해석이 잘되지 않던 것도 바로 이해가 될 거예요. 먼저 기본 의미부터 보고 확장해 나가 볼까요?

응급 처치 문장

1   나는 은행 카드를 찾았습니다.

我 找到了 银行卡。

Wǒ   zhǎodào le   yínhángkǎ.

나   찾다 ↑   은행 카드

결과보어(목적 달성)

2   나는 여권을 찾지 못했습니다.

我 没 找到 护照。

Wǒ   méi   zhǎodào   hùzhào.

나   찾다 ↑   여권

결과보어(목적 달성)

주치의 진단

'找'가 기본 의미인 '(잃어버린 것 혹은 필요로 하는 것을) 찾다'로 쓰일 때는 목적 달성을 나타내는 결과보어 '到'와 자주 함께 쓰여요. '找' 자체가 찾았는지 못 찾았는지 결과가 중요한 동사이기 때문이에요.

1 리쥔이 드디어 취업을 했습니다!

李军 终于 找到 工作 了!

Lǐ Jūn zhōngyú zhǎodào gōngzuò le!
리쥔 드디어 찾다 직업

결과보어(목적 달성)

'취업했다'라는 말은 중국어로 '직업을 찾았다'로 표현해요.

TIP
'工作'는 직업적인 일, '事儿'은 개인적인 일이나 사건을 뜻해요.

2 방금 어떤 사람이 전화를 걸어 당신을 찾았습니다.

刚才 有人 打 电话 找 你 了。

Gāngcái yǒu rén dǎ diànhuà zhǎo nǐ le.
방금 어떤 사람 걸다 전화 찾다 당신

동작① 동작②

'有'에 '어떤, 어느'라는 뜻이 있기 때문에 '어떤 사람이 전화를 걸어 당신을 찾았습니다'라고 해석합니다.

3 내일 제가 당신 집으로 당신을 방문하러 가겠습니다.

明天 我 去 你家 找 你。

Míngtiān wǒ qù nǐ jiā zhǎo nǐ.
내일 나 가다 당신 집 방문하다 당신

동작① 동작②

이 문장을 '내일 내가 당신 집에 가서 당신을 찾겠습니다'로 해석하면 왠지 무서운 느낌이 들지 않나요? '找'에는 '방문하다'라는 뜻도 있어요. 그래서 3번 문장처럼 약속을 이야기할 때도 자주 사용됩니다.

4 나에게 돈을 많이 거슬러 주셨어요.

你 多 找钱 给我 了。

Nǐ duō zhǎoqián gěi wǒ le.
당신 많이 돈을 거슬러 주다 나에게

'找'는 '(돈을) 거슬러 주다'라는 의미로도 사용됩니다.

银行卡 yínhángkǎ 명 은행 카드(신용 카드와 직불 카드 등) ㅣ **护照** hùzhào 명 여권 ㅣ **工作** gōngzuò 명 직업, 일, 업무
有 yǒu 통 어떤, 어느 ㅣ **打** dǎ 통 (전화를) 걸다 ㅣ **电话** diànhuà 명 전화 ㅣ **多** duō 형 (수량이) 많다
找钱 zhǎo//qián 통 돈을 거슬러 주다

1 단어를 배열하여 문장을 완성해 보세요.

不 / 他 / 他 / 给 / 照片 / 我 / 的   그는 나에게 그의 사진을 주지 않습니다.

→ _____ 。

2 빈칸에 들어갈 알맞은 결과보어를 고르세요.

我说的话，你听 [   ] 了吗? 내가 한 말을 알아들었습니까?

① 光   ② 住   ③ 完   ④ 懂   ⑤ 见

3 다음 중 '进'이 들어갈 자리로 알맞은 것을 고르세요.

__A__ 老师 __B__ 走 __C__ 了 __D__ 办公室 __E__ 。
선생님은 사무실로 걸어 들어가셨습니다.

① A   ② B   ③ C   ④ D   ⑤ E

4 다음 문장을 바르게 해석한 것을 고르세요.

我听出来了她的声音。

① 나는 그녀의 목소리가 생각났습니다.   ② 나는 그녀의 목소리를 듣고 나왔습니다.
③ 나는 그녀의 목소리를 기억해 냈습니다. ④ 나는 그녀의 목소리를 들어 내고 말았습니다.
⑤ 나는 그녀의 목소리를 (들어서) 알아챘습니다.

5 빈칸에 들어갈 알맞은 단어를 고르세요.

这件衣服看 [   ] 很贵。 이 옷은 정말 비싸 보이네요.

① 下来   ② 起来   ③ 出来   ④ 进来   ⑤ 回来

6 다음 중 '来'가 들어갈 자리로 알맞은 것을 고르세요.

> _A_ 你 _B_ 说 _C_ 几句 _D_ 吧 _E_ 。
>
> 당신이 한마디 하세요.

① A   ② B   ③ C   ④ D   ⑤ E

7 단어를 배열하여 문장을 완성해 보세요.

去 / 明天 / 借 / 我 / 图书馆 / 决定 / 书

나는 내일 도서관에 가서 책을 빌리기로 결정했습니다.

→ _____ 。

8 다음 중 '读'의 의미가 다른 하나를 고르세요.

① 我知道这个汉字怎么读。   ② 他今年读初中三年级。

③ 我女儿现在读高中。   ④ 李娜打算读哪个学校?

⑤ 我想在中国读大学。

9 다음 중 '玩儿'을 동사로 사용할 수 없는 문장을 고르세요.

① 我喜欢( )游戏。   ② 我每天晚上都( )电脑。

③ 我用手机( )微博。   ④ 我想( )太极拳。

⑤ 我决定以后少( )手机。

* 微博 웨이보(중국판 트위터)

10 다음 문장을 중국어로 작문하세요.

> 당신이 제 회사로 저를 방문하러(찾아) 오세요.

→ _____ 。

31 참가해요 考试

'시험을 보다'를 '看考试'이라고 말한 적 혹은 생각한 적 있나요? 한국인이 가장 많이 헷갈려 하는 표현 중 하나가 아닐까 싶은데요, 이번 시간을 통해 시험과 관련된 다양한 표현을 익혀 보도록 해요!

응급 처치 문장

1 나는 내일 시험을 봅니다.

我 明天 考试。

Wǒ　míngtiān　kǎoshì.
나　　내일　　시험 보다

2 리나는 다음 주 토요일에 HSK 시험에 참가합니다.

李娜 下星期六 参加 HSK考试。

Lǐ Nà　xià xīngqīliù　cānjiā　HSK kǎoshì.
리나　　다음 주 토요일　참가하다　HSK 시험

> **TIP**
> HSK는 중국어 능력 시험을 뜻하는 말로, '汉语水平考试 Hànyǔ Shuǐpíng Kǎoshì'의 한어병음 첫 글자들을 따서 만든 약칭입니다.

주치의 진단

'考试'은 동사로 쓰일 때 그 자체로 '시험을 보다'라는 의미로 사용되니 이 표현을 기본적으로 알아 두세요. 그리고 명사로 쓰일 때는 '참가하다'라는 뜻을 가진 '参加'와 함께 써서 '시험에 참가하다'라고 말할 수도 있는데, 이건 조금 더 정식적인 표현입니다.

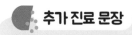

1 우리는 다음 주에 시험이 있습니다.

我们 下周 有 考试。
Wǒmen xià zhōu yǒu kǎoshì.
우리 　 다음 주 　 있다 　 시험

'시험이 있다'라고 말할 때는 고민 없이 바로 '有'를 사용해 주면 돼요.

2 그는 오늘 수학 시험을 봅니다.

他 今天 考 数学。
Tā jīntiān kǎo shùxué.
그 　 오늘 　 시험 보다 　 수학

시험 보는 과목에 대해 이야기할 때는 '考' 뒤에 '试' 대신 구체적인 과목명을 더해 줍니다.

➕PLUS
'考试'은 '시험을 보다'라는 의미를 가진 동사 '考'와 '시험'의 뜻을 가진 명사 '试'이 합쳐진 이합동사이기 때문에 통합적으로 '시험'을 뜻하는 명사 '试' 대신 구체적인 과목명을 넣어 줄 수 있는 거예요.

3 왕웨이는 모레 무슨 시험을 봅니까?

王伟 后天 考 什么?
Wáng Wěi hòutiān kǎo shénme?
왕웨이 　 모레 　 시험 보다 　 무엇

星期六 xīngqīliù 명 토요일 | **周** zhōu 명 주, 요일 | **考** kǎo 동 시험을 보다 | **数学** shùxué 명 수학 | **后天** hòutiān 명 모레

나에게 화났어요? 生气

'화나다'가 '生气'라는 건 거의 모든 분들이 알고 계실 것 같은데요, 하지만 '~에게 화가 났다'라는 표현은 많은 분들이 궁금해 하실 거 같아요. 이번 시간에는 화가 난 대상을 말하는 방법과 함께 '生'의 다양한 쓰임에 대해 알아볼까요?

🎧 32

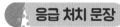 **응급 처치 문장**

1 사장님께서 화가 나셨습니다. 어떻게 하지요?

老板 生气 了, 怎么办?

Lǎobǎn　shēngqì　le,　　zěnme bàn?
사장님　화나다　　　　　어떻게 하나

2 리나는 나에게 화가 나 있습니다.

李娜 在 生我气。

Lǐ Nà　zài　shēng wǒ qì.
리나　　↑　　나에게 화가 나다

　　부사(진행): ~하는 중이다

 주치의 진단

'生气'는 이합동사예요. '生'은 '생기다' '일어나다', '气'는 '화'를 나타내는데, 그래서 '~에게 화가 나다'라는 표현은 '生+대상+(的+)气'로 표현해요. 그리고 이때의 '的'는 생략 가능합니다. 2번 문장도 '生我的气'에서 '的'가 생략된 것입니다.

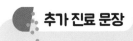

1 당신은 왜 화가 났나요?

你 生什么气 啊?

Nǐ　shēng shénme qì　a?

당신　왜 화가 난 것인가

> '生'과 '气' 사이에는 대상뿐만 아니라 '什么'를 넣어 화가 난 이유를 묻는 표현도 할 수 있어요.

2 그녀는 딸 하나를 낳았습니다.

她 生了 个 女儿。

Tā　shēngle　ge　nǚ'ér.

그녀　낳다　명　딸

> '生'은 '생겨나다'라는 의미를 기본적으로 가지고 있기 때문에, 2번 예문과 같은 '낳다, 출생하다' 혹은 3번 예문과 같은 '발생하다'라는 의미 또한 가지고 있어요.

3 왕웨이는 자주 병이 납니다.

王伟 经常 生病。

Wáng Wěi　jīngcháng　shēngbìng.

왕웨이　자주　병이 나다

办 bàn 통 (일을) 하다, 처리하다 | 女儿 nǚ'ér 명 딸 | 生病 shēng//bìng 통 병이 나다

부족하지만 괜찮아 差

'差'를 동사로 쓰면 '모자라다' '부족하다'라는 뜻으로, 시간을 말할 때나 수량 등이 모자랄 때 사용되는데, '差'를 동사로 사용한 문장은 우리말과 표현 방식이 많이 다르기 때문에 조금 더 유의해서 익혀 두어야 해요. 그럼 시간을 나타내는 경우부터 살펴볼까요?

 응급 처치 문장

1 지금은 6시 5분 전입니다.

<table>
<tr><td>现在</td><td>差</td><td>五分</td><td>六点。</td></tr>
<tr><td>Xiànzài</td><td>chà</td><td>wǔ fēn</td><td>liù diǎn.</td></tr>
<tr><td>지금</td><td>모자라다</td><td>5분</td><td>6시</td></tr>
</table>

2 지금은 겨우 8시 10분 전입니다.

<table>
<tr><td>现在</td><td>才</td><td>差</td><td>十分</td><td>八点。</td></tr>
<tr><td>Xiànzài</td><td>cái</td><td>chà</td><td>shí fēn</td><td>bā diǎn.</td></tr>
<tr><td>지금</td><td>겨우</td><td>모자라다</td><td>10분</td><td>8시</td></tr>
</table>

TIP

부사 '才'가 시간이나 수량을 나타내는 말 앞에 놓이면 시간이 이르거나 수량이 적음을 나타내고, 이때 해석은 '겨우'라고 합니다.

 주치의 진단

50분, 55분을 그대로 말하기도 하지만 '~시 10분 전' '~시 5분 전'이라고 표현하기도 하죠? 중국어에도 이런 표현 방법이 있는데, 우리말과 다른 점은 '전(前)'이 아닌 '모자라다'라는 뜻의 동사 '差'를 사용한다는 거예요. '10분/5분 모자란 ~시' 이렇게 말해요.

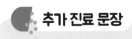
1 우리는 아직 한 사람이 모자랍니다.

我们 还 差 一个人。

Wǒmen　hái　chà　yí ge rén.
우리　아직 모자라다　한 사람

> '한 명이 아직 안 왔어요' '커피 한 잔이 아직 덜 나왔어요'와 같은 표현은 결국 '한 사람이, 커피 한 잔이 모자라다'라는 뜻이죠? 그래서 이때도 '差'를 사용합니다. 이 두 가지 경우는 일상생활에서 자주 사용되지만 바로 중국어로 생각해 내는 것이 쉽지 않으니 다시 한번 기억해 두세요.

2 여기 아직 커피 한 잔이 모자랍니다.

这儿 还 差 一杯咖啡。

Zhèr　hái　chà　yì bēi kāfēi.
여기　아직 모자라다　커피 한 잔

3 내 중국어 수준은 아직 멀었습니다.

我 汉语水平 还 差得远 呢。

Wǒ　Hànyǔ shuǐpíng　hái　chà de yuǎn　ne.
나　중국어 수준　아직　차이가 나다 멀다
↑
정도보어

> 이 문장에서 '远'은 정도보어예요. 모자란 정도가 멀다, 그러니까 '아직 한참 모자라다'라는 의미로, 일정 수준에 한참 미치지 못함을 나타냅니다. '差'를 사용한 표현 중 자주 활용되는 것이니 꼭 기억해 두세요.

分 fēn 명 분 I 才 cái 부 겨우, 비로소 I 水平 shuǐpíng 명 수준

'닮다' '비슷하다' '마치 ~와/과 같다' 그리고 '像'을 활용한 동급 비교 문장부터 유용한 회화 표현까지! 쓸수록 알찬 '像'. 문장에 따라 달라지는 해석과 비교문을 만드는 방법 등을 하나씩 살펴볼까요?

 응급 처치 문장

1 나는 엄마를 닮았습니다.

我 像 我妈妈。

Wǒ   xiàng   wǒ māma.
나   닮다   나의 엄마

> **TIP**
> '나의 엄마'이지만 '나'가 수식하는 대상이 혈연관계인 '엄마'이기 때문에 '的'를 생략할 수 있어요. '的'는 소속 관계, 인간관계, 속성이나 성질을 나타내는 관계 등을 표현할 때 생략 가능해요.
> 예 我公司 내 회사 / 我朋友 내 친구 / 玻璃杯 유리잔

2 그는 정말 외국인 같아요.

他 真 像 外国人。

Tā   zhēn   xiàng   wàiguórén.
그   정말   마치 ~와   외국인
              같다

 주치의 진단

1번 문장과 2번 문장은 비슷한 것 같지만, 1번 문장은 구체적으로 '나의 엄마'가 목적어이기 때문에 외모가 닮은 것을 뜻하고, 2번 문장은 '외국인'은 특정 대상이 아니기 때문에 '생김새'라고 구체적으로 언급하지 않는 이상 외모가 닮았다는 것보다는 행동이나 어학 수준 등이 마치 외국인 같다고 해석하는 게 자연스러워요.

추가 진료 문장

1 당신들 두 사람의 글씨는 매우 비슷하네요!

你们俩的字 很 像 啊!

Nǐmen liǎ de zì　hěn　xiàng　a!

당신들 두 사람의 글씨　매우　비슷하다

이 문장에 쓰인 '像'은 '마치 ~와/과 같다'로 해석하기 어렵죠? 이때의 '像'은 '비슷하다'라는 의미입니다.

2 장리는 꽃과 같이 예쁩니다.

张丽 像 花 一样 漂亮。

Zhāng Lì　xiàng　huā　yíyàng　piàoliang.

장리　　　　꽃　　　　　　예쁘다

~와/과 같이

'A+像+B+一样+형용사/동사'의 형태로 동급 비교문을 만들 수도 있어요. 이때는 'A는 B와 같이 ~하다'라고 해석해 줍니다.

3 이곳은 하얼빈과 같이 춥습니다.

这儿 像 哈尔滨 一样 冷。

Zhèr　xiàng　Hā'ěrbīn　yíyàng　lěng.

이곳, 여기　　하얼빈　　　　　춥다

~와/과 같이

4 말도 안 돼요!

太 不像话 了!

Tài　búxiànghuà　le!

　　말이 안 되다

너무 ~하다

'不像'은 부정부사 '不'가 와서 '~ 같지 않다'라는 의미이지요? 그래서 '말 같지 않다, 말도 안 된다'라는 뜻이 됩니다. 더 구체적인 의미는 말이나 행동이 합리적이지 않음을 나타내요.

玻璃 bōli 명 유리 | 杯 bēi 명 잔, 컵 | 外国人 wàiguórén 명 외국인 | 俩 liǎ 수량 [입말] 두 개, 두 사람
一样 yíyàng 형 같다, 동일하다 | 漂亮 piàoliang 형 예쁘다, 아름답다 | 哈尔滨 Hā'ěrbīn 고유 하얼빈[지명]
冷 lěng 형 춥다 | 不像话 búxiànghuà 형 (언행이) 말이 안 된다

여러분은 '보내다'라고 하면 어떤 단어가 떠오르시나요? 뭘 보내는지를 알아야 한다고요? 맞아요. 보내는 것에 따라 다른 단어를 사용해야 해요. 이번 시간에는 전자 기기를 통해 보내는 '발송하다'의 의미를 가진 '发'를 중심으로 알아볼까요?

응급 처치 문장

1 왕웨이는 문자를 보내는 중입니다.

王伟　在　发　短信。
Wáng Wěi　zài　fā　duǎnxìn.
왕웨이　　　　보내다　문자
　　　↑
부사(진행): ~하는 중이다

2 리쥔은 장리에게 위챗을 보냅니다.

李军　给张丽　发　微信。
Lǐ Jūn　gěi Zhāng Lì　fā　wēixìn.
리쥔　　장리　보내다　위챗
　　↑
전치사: ~에게

주치의 진단

문자는 핸드폰이라는 기기를 사용해 발송하는 메시지이지요? 그래서 이때는 '发'를 사용해 '보내다'라는 의미를 나타냅니다. 그런데 요즘은 문자보다 카카오톡이나 중국 사람들이 주로 사용하는 위챗 등 메신저를 더 많이 쓰는데, 이때도 고민 없이 '发'를 사용해 표현해 주세요.

추가 진료 문장

1 회사는 이메일을 보내 우리에게 통지한 것입니다.

公司 是 发 邮件 通知 我们 的。

Gōngsī shì fā yóujiàn tōngzhī wǒmen de.
회사 　 보내다 이메일 통지하다 우리

동작① 　　　 동작②

방식 강조

> 이메일 역시 컴퓨터라는 전자 기기를 통해 보내는 편지이기 때문에 '发'를 사용해 보낸다는 의미를 나타내요.

TIP
> '邮件'은 원래 우편물을 뜻하고 '电子邮件'이 이메일을 뜻하는데, '발송하다'라는 의미의 동사 '发'를 사용했기 때문에 자연스럽게 이메일이라고 이해할 수 있어요.

2 나는 내일 아침에 우체국에 가서 편지를 부치려고 합니다.

我 明天 早上 要 去 邮局 寄 信。

Wǒ míngtiān zǎoshang yào qù yóujú jì xìn.
나 내일 아침 　 가다 우체국 부치다 편지

조동사(의지): 　 동작① 　　동작②
~하려고 하다

> 우체국에 가서 보내는 편지는 '부치다'라는 의미를 가진 '寄'를 사용하여 표현합니다. 소포나 택배도 마찬가지로 '寄'를 사용해요.

3 그는 자주 나에게 화를 냅니다.

他 总是 对我 发脾气。

Tā zǒngshì duì wǒ fā píqi.
그 자주 　 나 화를 내다

전치사: ~에게

> '发'는 다양한 의미를 가지고 있는데, 화를 낸다고 할 때도 '(감정을) 표출하다'라는 의미로 '发'를 사용합니다.

⊕ PLUS

'生气'와 '发脾气'의 차이점은? 바로 '生气'는 '화나다', 주로 나 자신이나 다른 사람으로 인해 생겨난 감정을 나타내는 반면 '发脾气'는 '화내다', 화가 난 감정을 다른 사람에게 표출해 냄을 뜻해요.

短信 duǎnxìn 뗑 문자 메시지 | **微信** wēixìn 뗑 WeChat(중국의 메신저) | **邮件** yóujiàn 뗑 이메일, 우편물
通知 tōngzhī 뙹 통지하다 | **邮局** yóujú 뗑 우체국 | **寄** jì 뙹 (우편으로) 부치다, 보내다 | **对** duì 젠 ~에게
发脾气 fā píqi 화내다, 성질을 부리다

36 마중 가자 接

'接'에는 다양한 뜻이 있어요. 여러분에게 가장 익숙한 의미는 무엇인가요? 이번 시간을 통해 평소에 가장 잘 사용할 수 있는 네 가지 의미를 살펴보도록 해요.

응급 처치 문장

1 당신은 몇 시에 기차역에 도착합니까? 내가 당신을 마중 갈게요.

你	几点	到	火车站?	我	去	接	你。
Nǐ	jǐ diǎn	dào	huǒchēzhàn?	Wǒ	qù	jiē	nǐ.
당신	몇 시	도착하다	기차역	나	가다	마중하다	당신

동작① 동작②

2 내 남자 친구는 매일 회사로 나를 데리러 옵니다.

我男朋友	每天	都	来	公司	接	我。
Wǒ nánpéngyou	měi tiān	dōu	lái	gōngsī	jiē	wǒ.
내 남자 친구	매일	모두	오다	회사	마중하다	나

'每天'을 받음 동작① 동작②

주치의 진단

오늘 살펴볼 '接'의 첫 번째 의미는 바로 '마중하다'입니다. 이때는 주로 1번 문장처럼 '~을/를 마중하러 가다/오다'를 이야기하거나, 2번 문장처럼 조금 더 구체적으로 '~로 가서/와서 ~을/를 마중하다'라고 말해요. 연동문으로 만들어진 두 예문을 기억하세요.

1 나는 나뭇잎 하나를 잡았습니다.

我 接住了 一片树叶。
Wǒ　jiēzhù le　yí piàn shùyè.
나　받다/잡다　하나의 나뭇잎

↑
결과보어(고정)

> '接'는 결과보어로 쓰인 '住'와 함께 '(손으로) 받다/잡다'라는 의미를 나타내기도 하는데요, 누군가가 던진 농구공을 잡는 것, 떨어지는 물건을 잡는 것 등이 이에 해당됩니다. 손을 벌려 어떤 것을 받거나 잡는 동작을 말해요.

2 그녀는 왜 전화를 받지 않나요?

她 怎么 不 接 电话 呢?
Tā　zěnme　bù　jiē　diànhuà　ne?
그녀　왜　　받다　전화

> '接'는 '전화를 받다'라는 의미로도 사용돼요. 그럼 '전화를 끊다'는 뭐라고 말할까요? 바로 '挂'를 써서 '挂电话'라고 합니다.

3 당신 준비되었나요? 다음은 우리예요.

你 准备好了 吗? 接下来 是 我们。
Nǐ　zhǔnbèi hǎo le　ma?　Jiē xiàlai　shì　wǒmen.
당신　준비가 다 되다　　다음 순서　이다　우리

↑
결과보어(잘 마무리됨)

> 오늘 살펴볼 '接'의 마지막 의미는 바로 '잇다'라는 의미와 방향보어로 사용된 '下来'가 합쳐져 만들어진 표현입니다. '接下来'는 이어지는 '다음'을 나타내요.

火车站 huǒchēzhàn 몡 기차역 | **片** piàn 양 나뭇잎 등 평평하고 얇은 것을 세는 단위 | **树叶** shùyè 몡 나뭇잎
挂 guà 통 전화를 끊다 | **好** hǎo 혱 동사 뒤에 쓰여 잘 마무리됨을 나타냄
下来 xiàlai 통 동사 뒤에 쓰여 처음부터 끝까지 지속됨을 나타냄

일어나 주세요

'站'이 '서다'라는 뜻을 가지고 있다는 것은 많은 분들이 알고 계실 것 같은데요, 이번 시간에는 '站'을 동사로 사용하는 방법은 물론 '서다'라는 의미에서 바로 연상해 볼 수 있는 뜻을 가진 명사로서의 활용법도 함께 알아보도록 해요.

응급 처치 문장

1 일어나세요.

请 站起来。

Qǐng   zhàn qǐlai.
　　　　　 일어서다
　　↑
공손한 요청

2 우리 집 개는 자주 서서 잠을 잡니다.

我家狗 经常 站着 睡觉。

Wǒ jiā gǒu   jīngcháng zhànzhe   shuìjiào.
우리 집 개   자주   서다   잠자다
　　　　　　　　　　　　　 ↑
　　　　　　　 동태조사(지속): ~한 채로

 주치의 진단

'站'이 가장 자주 사용되는 형태는 방향보어로 사용된 '起来'와 함께 앉거나 누운 상태에서 '일어서다'라는 의미를 전달할 때입니다. '站'은 계속 진행될 수 없는 동사인 만큼 'A(진행 불가 동사)+着+B(일반 동사) = A한 채로 B하다'의 형태로 자주 사용됩니다.

➕PLUS --

진행 불가 동사는 '站 서다' '坐 앉다' '躺 눕다' '趴 엎드리다' '抱 안다' 등과 같이 짧은 시간 안에 동작이 끝나 진행될 수 없는 동사를 말합니다. '앉는 중이다, 눕는 중이다' 우리말로 표현해도 어색하지요? 너무 빠른 시간 내에 동작이 끝나 버리기 때문이에요.

1 이 시간에 차를 타면 서서 집에 가야만 합니다.

这个时间 乘车 只能 站着 回家。

Zhège shíjiān　chéng chē　zhǐ néng　zhànzhe　huí jiā.
이 시간　차를 타다　오직 ~할　서다　귀가하다
수밖에 없다

동태조사(지속): ~한 채로

> 'A(진행 불가 동사)+着+B(일반 동사) = A한 채로 B하다' 형태의 응용 예문이에요. 한번 더 확인해 볼까요?

2 왕웨이 집 근처에는 지하철역이 없습니다.

王伟家附近 没有 地铁站。

Wáng Wěi jiā fùjìn　méiyǒu　dìtiězhàn.
왕웨이 집 근처　없다　지하철역

> '站'이 명사로 쓰일 때는 교통수단이 '멈춰 서는 곳'이라는 뜻으로 '정류장, 역'의 의미를 갖습니다.

3 홍대에 가려면 몇 정거장을 가야 하나요?

去 弘大 要 坐 几 站?

Qù　Hóngdà　yào　zuò　jǐ　zhàn?
가다　홍대　필요로 하다　타다　몇　정거장

> '站'은 양사로 쓰여 '정거장'의 의미를 나타낼 수도 있어요.

4 요즘은 많은 무료 음악 사이트가 있습니다.

最近 有 很多 免费 音乐 网站。

Zuìjìn　yǒu　hěn duō　miǎnfèi　yīnyuè　wǎngzhàn.
요즘　있다　많은　무료　음악　사이트

> '사이트'란 의미의 단어에도 '站'이 쓰여요. 인터넷상의 정류장이란 뜻일까요?

狗 gǒu 명 개 | 着 zhe 조 ~한 채로 | 乘 chéng 동 차를 타다, 탑승하다 | 只 zhǐ 부 오직, 단지 | 地铁 dìtiě 명 지하철
弘大 Hóngdà 고유 홍대[지명] | 免费 miǎn//fèi 동 무료로 하다 | 音乐 yīnyuè 명 음악 | 网站 wǎngzhàn 명 웹 사이트

'휴가를 내다'를 중국어로 뭐라고 할까요? 맞히셨나요? 그럼 '일주일 간의 휴가를 내다'는 뭐라고 할까요? 쉽게 입 밖으로 나오지 않지요? '请假'가 이합동사라는 것이 바로 그 힌트 예요. 휴가, 조퇴 등과 관련된 '请假'와 함께 중국어의 팔방미인 '请'의 또 다른 용법까지 함께 살펴볼까요?

 38

응급 처치 문장

1   사장님, 저 내일 휴가를 내도 될까요?

李经理，我 明天 可以 请假 吗?

Lǐ jīnglǐ,　　wǒ　míngtiān　kěyǐ　　qǐngjià　ma?
리 사장님　　나　　내일　　　　　　휴가를 신청하다

조동사(허락): ~해도 되다

2   나 오늘 반차 냈어요.

我 今天 请了 半天 假。

Wǒ　jīntiān　qǐngle　bàntiān　jià.
나　　오늘　신청하다　반나절　　휴가

주치의 진단

'请假'는 '휴가를 신청하다' '(조퇴, 외출 등의) 허가를 받다'라는 의미로 사용되는데, 휴가를 낸 기간을 말하고 싶다면 '请'과 '假' 사이에 기간을 넣어 주면 됩니다. '请假'는 '신청하다'라는 의미의 '请'과 '휴가'라는 뜻의 '假' 가 합쳐진 이합동사이기 때문에 '신청하다 ~ 동안의 휴가를'이라고 암기하면 바로 생각날 거예요.

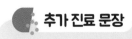

1 오늘 제가 한턱내겠습니다!

今天 我 请客!

Jīntiān wǒ qǐngkè!
오늘　　나　　한턱내다

> '请'은 '손님'이란 뜻의 '客'와 함께 쓰여 '손님을 초대하다' '한턱내다'의 의미로 사용되기도 하고, 구체적으로 대접하는 것에 대해 언급할 때는 단독으로 사용되기도 합니다. 단독으로 사용되는 경우는 2, 3번 문장을 확인해 주세요.

2 내가 당신에게 연극을 보여 줄게요.

我 请 你 看 话剧。

Wǒ qǐng nǐ kàn huàjù.
나　 한턱내다　당신　 보다　 연극

누가 ┆ 한턱내다 ┆ 누구에게 ┆ ~하는 것을

> 사역의 의미를 가진 동사 '请'을 단독으로 사용할 때는 '누가+한턱내다+누구에게+~하는 것을'의 순서를 지켜야 하는데, 우리말처럼 '커피를 한턱내다'가 아닌 '커피 마시는 것을 한턱내다'로 꼭 동사와 함께 써야 한다는 것 기억하세요!

TIP
제7과(25쪽), 제8과(27쪽)를 복습하며 사역의 의미를 가진 동사들의 활용법을 다시 한번 숙지해 보세요.

3 당신 나에게 밀크티를 사 줄 건가요?

你 要 请 我 喝 奶茶 吗?

Nǐ yào qǐng wǒ hē nǎichá ma?
당신　　　한턱내다　 나　 마시다　밀크티

누가 ┆ 한턱내다 ┆ 누구에게 ┆ ~하는 것을

조동사(의지)

经理 jīnglǐ 뗑 기업의 책임자, 사장, 매니저 **| 半天** bàntiān 숲량 반일, 반나절 **| 请客** qǐng//kè 등 한턱내다, 손님을 초대하다
话剧 huàjù 뗑 연극 **| 奶茶** nǎichá 뗑 밀크티

'试'은 우리가 할 수 있는 다양한 경험이나 궁금한 것들에 대한 시도를 나타낼 수 있는 최적의 동사예요. 하지만 뒤에 오는 것이 명사인지 동사인지에 따라 사용법이 달라지니 이 부분에 주의하면서 이번 시간 내용 함께 보도록 할게요.

응급 처치 문장

1 제가 한번 해 볼게요.

我　来　试试。
Wǒ　lái　shìshi.
나　하다　시도하다

↑
주어의 주동성　동사중첩
강조

2 당신 이 색깔 한번 해 보세요.

你　试试　这个颜色。
Nǐ　shìshi　zhège yánsè.
당신　시도하다　이 색깔

주치의 진단

1번 문장처럼 '试'만 사용한 경우는 화자와 청자가 모두 알고 있는 상황입니다. 게임을 한번 해 보겠다는 의미일 수도 있고, 귀걸이를 차 보겠다는 뜻일 수도 있죠. 그리고 2번 문장처럼 조금 더 자세하게 시도해 보려는 대상에 대해 말할 수도 있습니다.

PLUS --

동사를 중첩해서 사용하면 '시도' '시간의 짧음' '가볍고 부드러운 어감'을 표현할 수 있습니다.
예 看看 한번 보다 / 等等 잠시 기다리다

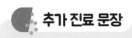

1 당신들 중국 노래 한 곡 불러 보는 거 어때요?

你们 试着 唱 一首 中文歌，怎么样?

Nǐmen　shìzhe　chàng　yì shǒu　Zhōngwén gē,　zěnmeyàng?
당신들　시도해 보다　부르다　한 곡　　중국 노래　　어떠한가

시도하는 것이 명사가 아닌 동사라면 뒤에 '着'를 붙여 '试着'로 사용합니다.

2 나는 유튜브 영상을 한번 찍어 보려고 해요.

我 要 试着 拍 YouTube视频。

Wǒ　yào　shìzhe　pāi　　YouTube shìpín.
나　　↑　시도해 보다　찍다　　유튜브 영상

조동사(의지)

3 제가 이 신발을 신어 봐도 될까요?

我 可以 试(穿) 一下 这双鞋 吗?

Wǒ　kěyǐ　shì (chuān)　yíxià　zhè shuāng xié ma?
나　　↑　　신어 보다　　한번 ~하다　이 신발

조동사(허가)

'着'를 생략하고 문장을 만들어도 괜찮고, 굳이 언급할 필요가 없다면 구체적인 동작(穿)도 생략해도 괜찮아요.

颜色 yánsè 명 색, 색깔 | **中文** Zhōngwén 고유 중국어 | **怎么样** zěnmeyàng 때 어떠하다 | **拍** pāi 동 찍다, 촬영하다
视频 shìpín 명 영상, 동영상 | **穿** chuān 동 (옷을) 입다, (신발을) 신다 | **双** shuāng 양 켤레 | **鞋** xié 명 신발

돈도 되고 시간도 되는

'花' 이 한자를 보면 뭐가 떠오르시나요? 모두 '꽃'을 떠올리실 것 같은데요, 중국어에서도 명사로는 '꽃'이라는 뜻을 가지고 있어요. 하지만 이 단어가 동사로 사용된다면 '돈이나 시간을 쓰다, 소비하다'라는 의미예요. 꽃잎이 흩날리듯 사라지는 돈과 시간을 쓴다고 기억해 보는 건 어떨까요?

응급 처치 문장

1   이건 시간이 좀 걸립니다.

这　得　花　时间。
Zhè　děi　huā　shíjiān.
이것　　　쓰다　시간
　　　↑
조동사(필요): ~해야 한다

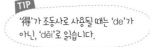

> **TIP**
> '得'가 조동사로 사용될 때는 'de'가 아닌, 'děi'로 읽습니다.

2   이건 공짜입니다.

这　不　花　钱。
Zhè　bù　huā　qián.
이것　　　쓰다　돈
　　↑
부정

주치의 진단

다양한 상황에 바로 꺼내어 쓸 수 있는 짧지만 유용한 문장 준비했어요. 1번 문장은 '이것은 시간을 써야 한다.' 시간이 필요한 일이라는 의미이고, 2번 문장은 '이것은 돈이 쓰이지 않는다.' 공짜라는 의미가 되는 거예요.

1 작문 한 편을 쓰는 데는 적지 않은 시간이 필요합니다.

写 一篇作文 需要 花 不少时间。

Xiě   yì piān zuòwén   xūyào   huā   bù shǎo shíjiān.

쓰다   작문 한 편   필요하다   쓰다   적지 않은 시간

> 단순히 시간을 쓴다는 표현 외에 얼마만큼의 시간을 쓰는지도 나타낼 수 있어요. 그리고 얼마만큼의 시간을 써야 하는지를 나타낼 때, '得'뿐만 아니라 '需要'도 쓸 수 있습니다. 이만큼의 시간을 쓰는 것이 필요하다고 표현하는 거예요.

2 나는 매일 화장하는 데 한 시간을 씁니다.

我 每天 化妆 花 一个小时。

Wǒ   měi tiān   huàzhuāng   huā   yí ge xiǎoshí.

나   매일   화장하다   쓰다   한 시간

> 시량사를 사용해서 구체적인 시간을 나타낼 수 있어요.

⊕ PLUS

시간의 양을 나타낼 때에는 '时间'이 아닌 '小时'을 사용합니다.
'한 개의 시간=한 시간' 이렇게 기억해 볼까요?

3 리쥔은 한 달에 이렇게 많은 돈을 씁니까?

李军 一个月 花 这么多钱 啊?

Lǐ Jūn   yí ge yuè   huā   zhème duō qián   a?

리쥔   한 달   쓰다   이렇게 많은 돈

4 이것은 만 위안을 주고 산 것입니다.

这 是 花 一万块钱 买 的。

Zhè   shì   huā   yí wàn kuài qián   mǎi   de.

이것   쓰다   만 위안   사다

수단 강조

> 구체적인 액수를 더해 '이만큼의 돈을 써서 구입한 것입니다'의 형식으로 물건 등의 가격을 표현할 수도 있어요.

得 děi 조통 ~해야 한다 | 篇 piān 양 편[일정한 형식을 갖춘 문장을 세는 단위] | 作文 zuòwén 명 작문
需要 xūyào 통 필요로 하다 | 化妆 huà//zhuāng 통 화장하다 | 小时 xiǎoshí 명 시간(시간의 단위) | 万 wàn 수 만(10,000)
块 kuài 양 [입말] 중국의 화폐 단위('元'에 상당함)

1 다음 중 옳지 않은 문장을 고르세요.

① 我后天有数学考试。   ② 我想参加HSK考试。

③ 李娜下星期考数学和英语。   ④ 我弟弟今天考试。

⑤ 王伟明天看考试。

*英语 영어

2 다음 중 '我'가 들어갈 자리로 알맞은 것을 고르세요.

__A__ 你 __B__ 在 __C__ 生 __D__ 气 __E__ 吗?

당신 저에게 화났나요?

① A   ② B   ③ C   ④ D   ⑤ E

3 다음 문장을 바르게 해석한 것을 고르세요.

这儿还差一个蛋糕。

*蛋糕 케이크

① 여기 케이크는 다릅니다.   ② 여기 케이크는 맛이 부족합니다.

③ 여기 케이크 하나가 더 왔습니다.   ④ 여기 아직 케이크 하나가 모자랍니다.

⑤ 여기는 아직 케이크가 맛이 없습니다.

4 단어를 배열하여 문장을 완성해 보세요.

一样 / 这儿 / 冷 / 冬天 / 像   이곳은 겨울처럼 춥습니다.

⟶ _____ 。

5 다음 중 '发'를 동사로 사용할 수 없는 문장을 고르세요.

① 你别对我( )脾气，好吗?   ② 你去中国我们可以( )邮件联系。

③ 李军经常给我( )短信。   ④ 年轻人喜欢( )微信联系。

⑤ 你给他( )包裹了没有?

*联系 연락하다 | 年轻人 젊은 사람 | 包裹 소포

6 다음 중 '接'가 '마중하다'의 의미로 쓰인 문장을 두 개 고르세요.

① 他一直不接我电话。　　　② 你八点到机场吧? 我去接你。

③ 我接住了妈妈扔给我的苹果。　　④ 接下来是我们，好紧张啊!

⑤ 我没带雨伞，你来接我，好吗?

*扔 던지다 | 苹果 사과 | 紧张 긴장하다

7 단어를 배열하여 문장을 완성해 보세요.

站 / 他 / 吃 / 正 / 饭 / 着 / 呢　　그는 서서 밥을 먹는 중입니다.

→ _____。

8 다음 중 '一个星期'가 들어갈 자리로 알맞은 것을 고르세요.

__A__ 我 __B__ 请 __C__ 了 __D__ 的 __E__ 假。
나는 일주일간의 휴가를 냈습니다.

① A　　　② B　　　③ C　　　④ D　　　⑤ E

9 다음 문장을 바르게 해석한 것을 고르세요.

你试一下这条裤子。　*条 개[바지나 치마를 세는 단위] | 裤子 바지

① 이 바지를 입어 보세요.　　　② 이 바지를 만드세요.
③ 이 바지는 한 번만 입으세요.　　④ 이 바지를 수선하세요.
⑤ 이 바지를 입고 시험을 봐 보세요.

10 빈칸에 들어갈 알맞은 단어를 고르세요.

我 [　　　] 了很多钱。
나는 많은 돈을 썼습니다.

① 借　　　② 付　　　③ 花　　　④ 交　　　⑤ 写

이렇게 많이?!

우리말로 '참가하다' 하면 대회 정도가 떠오르지요? 왠지 정식적인 느낌도 들어요. 물론 '参加'도 정식적인 느낌이 있기는 하지만 생각보다 많은 곳에 동사로 사용됩니다. 대표적으로 어디 어디에 사용되는지 함께 볼까요?

 응급 처치 문장

1 여러분 안녕하세요! HSK 3급 시험에 응시하신 것을 환영합니다.

大家好! 欢迎 参加 HSK3级考试。

Dàjiā hǎo!　Huānyíng　cānjiā　　HSK sān jí kǎoshì.
여러분 안녕하세요　환영하다　참가하다　　HSK 3급 시험

2 왕웨이는 이번 시합에 참가하나요?

王伟 参加 这次比赛 吗?

Wáng Wěi　cānjiā　zhè cì bǐsài　ma?
왕웨이　참가하다　이번 시합

 주치의 진단

여러분 혹시 HSK 시험을 보신 적이 있나요? HSK 시험을 볼 때 1번 문장을 들어 봤거나 듣게 될 텐데요, 시험에 '응시'하는 것도 '参加'를 씁니다. 대회에 참가하는 것은 물론이고요. 내가 어떠한 활동 등에 참여하는 것이라면? '参加'를 동사로 쓰는 경우가 많다는 것 기억하세요!

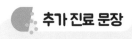

1 오늘 회의에 사장님도 참석하십니까?

今天的会议 老板 也 参加 吗?

Jīntiān de huìyì　　lǎobǎn　yě　cānjiā　ma?
오늘 회의　　　　　사장님　～도　참석하다

회의에 참석하는 것, 봉사 활동에 참가하는 것, 그리고 결혼식에 가는 것 모두 '参加'를 쓸 수 있어요. 같은 개념으로 파티나 모임 등에 가는 것도 역시 '参加'를 쓸 수 있으니 우리가 생각했던 것보다 훨씬 친숙한 단어이죠? 이젠 틀릴까 걱정 말고 마음껏 사용해 보세요.

2 나는 봉사 활동에 참가하고 싶습니다.

我 想 参加 志愿活动。

Wǒ　xiǎng　cānjiā　zhìyuàn huódòng.
나　　↑　　참가하다　봉사 활동

조동사(희망): ~하고 싶다

3 장리는 리쥔의 결혼식에 가지 않습니다.

张丽 不 参加 李军的婚礼。

Zhāng Lì　bù　cānjiā　　Lǐ Jūn de　hūnlǐ.
장리　　　　　참가하다　리쥔의 결혼식

4 나는 어제 동창 모임에 참가했습니다.

我 昨天 参加 同学聚会 了。

Wǒ　zuótiān　cānjiā　tóngxué jùhuì　le.
나　어제　　참가하다　동창 모임

大家 dàjiā 때 모두, 여러 사람 | **欢迎** huānyíng 통 환영하다 | **级** jí 명 등급, 급 | **次** cì 명 차례, 번, 회 | **比赛** bǐsài 명 시합
也 yě 부 ～도, 또한 | **志愿** zhìyuàn 통 자원하다, 지원하다 | **活动** huódòng 명 통 활동(하다) | **婚礼** hūnlǐ 명 결혼식
同学 tóngxué 명 동창, 동급생 | **聚会** jùhuì 명 모임

여기에서 저기로

'搬家'라는 단어는 많이 사용해 보셨을 거예요. '이사하다'라는 의미를 가진 단어이죠? 그렇다면 이 단어는 왜 '이사하다'라는 의미를 갖게 되었을까요? 바로 '搬'의 뜻이 '옮기다'이기 때문이에요. 집을 옮기는 것이기 때문에 이사가 된 거죠. 그럼 '搬'이 단독으로 사용된 경우와 이사 관련 다양한 표현들을 함께 알아볼까요?

응급 처치 문장

1 리쥔은 물건을 옮기는 중입니다.

李军 在 搬 东西。

Lǐ Jūn　　zài　　bān　　dōngxi.
리쥔　　↑　　옮기다　　물건

부사(진행): ~하는 중이다

2 당신 저 상자를 옮겨 오세요.

你 把 那个箱子 搬过来 吧。

Nǐ　　bǎ　　nàge xiāngzi　　bān guòlai　　ba.
당신　　　　저 상자　　옮기다

처치(능동)　　방향보어:　어기조사
　　　　　　　　오다　　(명령)

주치의 진단

부피나 무게가 어느 정도 있는 물건의 위치를 이동할 때 '옮긴다'라고 하죠? 그래서 2번 문장은 '拿'가 아닌 '搬'이 사용되는 것이 훨씬 자연스러운 거예요.

+ PLUS

객체의 '처치'를 강조하여 말할 때 '把'자문을 사용하는데, '주체가 객체를 어떻게 처리하였는가' 그 결과를 전달하는 문장 형식입니다. 순서가 일반 문장과 다르니 꼭 기억해 두세요.

주체 + 把 + 객체 + 술어 + 기타 성분(대표적으로 결과보어)

주체가　객체를　처치　처치의 결과

1 당신 곧 이사한다고 하던데, 맞아요?

听说 你 要 搬家 了, 是吗?

Tīngshuō nǐ yào bānjiā le, shì ma?

듣자 하니 당신 이사하다 그렇습니까

임박

2 장리는 이미 강남으로 이사 갔어요.

张丽 已经 搬到 江南 了。

Zhāng Lì yǐjīng bāndào Jiāngnán le.

장리 이미 이사하다 강남

결과보어: ~(으)로

> 1번 문장처럼 단순히 '이사하다'라는 뜻
> 으로 쓸 수도 있지만 '搬'만 단독으로 사
> 용해서 뒤에 구체적으로 어디로 이사했
> 는지를 나타낼 수 있어요. 이때는 동작
> 의 결과가 도달한 장소를 보충해 주는
> 결과보어 '到'를 사용합니다.

3 203호에 새 이웃이 이사 왔어요.

203号 搬来了 新邻居。

Èr líng sān hào bānlái le xīn línjū.

203호 이사하다 새 이웃

방향보어: 오다

> '搬' 뒤에 단순방향보어 '来'를 붙여 '이
> 사 오다'라는 표현을 할 수도 있습니다.
> 그렇다면 '이사 가다'는 '搬去'일까요?
> 아니에요. 이때는 '搬走'를 씁니다. 목적
> 지 언급 없이 '가다'라고 말할 때는 '去'
> 가 아닌 '走'를 사용하기 때문이에요.
> 그래서 사람들과 함께 있다가 '저 갈게
> 요.'라고 말할 때도 '我走了。'라고 말해
> 요. '去'를 쓰면 어디를 가는지까지 이
> 야기해야 정확해지거든요.

那个 nàge 때 저, 그, 저것, 그것 | **箱子** xiāngzi 명 상자 | **过来** guòlai 통 동사 뒤에 쓰여 자기가 있는 곳으로 옴을 나타냄
江南 Jiāngnán 고유 강남[지명] | **号** hào 명 호, 번호 | **新** xīn 형 새롭다, 새것의 | **邻居** línjū 명 이웃

쓰지도 못하고 먹지도 못하고 坏

'坏'를 '나쁘다'라는 뜻을 가진 형용사로만 알고 있었다면 이번 시간을 통해 '坏'가 동사로 활약하는 문장을 확인해 보세요!

응급 처치 문장

1 리쥔의 손목시계가 또 고장 났습니까?

李军的手表 又 坏 了 吗?

Lǐ Jūn de shǒubiǎo   yòu   huài   le   ma?

리쥔의 손목시계   또   고장 나다

2 당신 제 태블릿 PC 망가뜨리지 마세요.

你 别 把 我的平板电脑 弄坏 了。

Nǐ   bié   bǎ   wǒ de píngbǎn diànnǎo   nònghuài   le.

당신   나의 태블릿 PC   망가뜨리다

别+동사: 처치(능동)
~하지 마세요

> **TIP**
> '把'자문에 부사가 올 때 부사는 '把'의 앞에 위치합니다.

주치의 진단

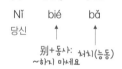

'坏'가 동사로 사용될 때는 '고장 나다'라는 뜻이에요. 그럼 '고장 내다'라는 뜻으로 사용하고 싶으면 어떻게 해야 할까요? 바로 '坏' 앞에 동사 '弄'을 더해 줍니다. 그럼 '고장 내다, 망가뜨리다'라는 의미가 돼요.

PLUS

'弄'은 어떠한 동사의 구체적 설명이 불필요한 경우에 해당 동사를 대신해 쓰는데, 주로 뒤에 좋지 않은 결과가 예상되는 동사와 합쳐져 사용됩니다.

예) 弄丢了 잃어버리다 / 弄碎了 깨뜨리다

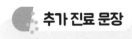

1 낭패다. 나 차 열쇠 안 가져왔어요.

坏了, 我 没 带 车钥匙。

Huài le,　　wǒ　　méi　　dài　　chē yàoshi.

낭패다　　　나　　휴대하다　　차 열쇠

> '坏'의 '고장 나다'라는 의미가 회화에서 '낭패다'라는 의미로 확장되어 사용되기도 합니다. 우리가 습관처럼 말하기도 하는 '망했다'라고도 해석 가능해요.

2 내가 산 과일이 모두 상했습니다.

我买的水果 全 坏 了。

Wǒ mǎi de shuǐguǒ　　quán　　huài　　le.

내가 산 과일　　전부　　상하다

> 음식에 '坏'가 쓰이면 '썩다' 혹은 '상하다'라는 의미가 됩니다.

3 내가 보기에 이 계란은 이미 상했습니다.

我看 这个鸡蛋 已经 坏 了。

Wǒ kàn　　zhège jīdàn　　yǐjīng　　huài　　le.

내가 보기에　　이 계란　　이미　　상하다

手表 shǒubiǎo 몡손목시계 ┃ **又** yòu 튄또, 다시 ┃ **平板电脑** píngbǎn diànnǎo 몡태블릿 PC ┃ **弄** nòng 통하다, 만들다
丢 diū 통잃어버리다 ┃ **碎** suì 통깨지다 ┃ **钥匙** yàoshi 몡열쇠 ┃ **全** quán 튄모두, 전부 ┃ **鸡蛋** jīdàn 몡계란

위에서 아래로 쓱쓱

요즘 중국에서 가장 핫한 단어 중 하나는 단연 '刷'라고 말할 수 있을 것 같은데요, 동사로 쓰일 때의 의미가 '솔로 닦다'인데 우리가 컴퓨터나 핸드폰으로 인터넷을 할 때 스크롤을 내리는 동작과 연관되어 다양한 확장 의미가 생겨났기 때문이에요. 그럼 우리가 흔히 알고 있는 '刷'의 의미부터 요즘 사용되는 확장 의미까지 같이 살펴볼까요?

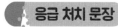 응급 처치 문장

1 나는 매일 식후에 양치를 합니다.

我 每天 饭后 刷牙。
Wǒ   měi tiān   fàn hòu   shuā yá.
나   매일   식후   양치하다

2 여기 카드 결제 되나요?

这儿 可以 刷卡 吗?
Zhèr   kěyǐ   shuākǎ   ma?
여기   ↑   카드로 결제하다

조동사(허락): ~해도 된다

 주치의 진단

양치를 하는 것은 칫솔로 치아를 위아래로 닦는 것, 카드로 결제하는 것은 카드를 위에서 아래로 긁는 것이죠? '솔로 닦다, 문지르다'의 의미를 가지고 있는 '刷'가 사용된 기본적인 예입니다.

추가 진료 문장

1 나는 또 한 시간 동안 핸드폰을 했습니다.

我 又 刷了 一个小时(的) 手机。

Wǒ	yòu	shuāle	yí ge xiǎoshí (de)	shǒujī.
나	또	하다	한 시간	핸드폰

> 핸드폰을 할 때 액정을 손가락으로 닦아 내는 것처럼 위아래, 양옆으로 이동하면서 보지요? 그런 동작을 요즘은 '刷'라고도 해요. '핸드폰을 하다'를 중국어로 '玩儿手机'라고만 알고 있었다면 이제 '刷手机'라고 말해 보는 거 어떨까요?

➕ PLUS ···

동사와 목적어 사이에 시량보어가 올 경우 시량보어와 목적어 사이에 '的'가 올 수도 생략될 수도 있어요.

2 리나는 저녁에 자기 전에 위챗을 합니다.

李娜 晚上 睡前 刷 微信。

Lǐ Nà	wǎnshang	shuì qián	shuā	wēixìn.
리나	저녁	자기 전	하다	위챗

> 우리가 자주 쓰는 메신저인 카카오톡이나 중국 사람들이 많이 쓰는 위챗을 하는 것도 친구 목록이나 대화 목록을 손가락으로 닦아 내는 것처럼 위아래로 움직이며 보는 것이죠? 이때도 역시 '刷'를 사용합니다. 이외에 다양한 SNS 플랫폼에서 피드를 보는 것도 마찬가지예요.

3 내 피드는 모두 그녀에게 점령 당했습니다.

我的朋友圈 都 被 她 刷屏 了。

Wǒ de péngyou quān	dōu	bèi	tā	shuāpíng	le.
내 피드	모두	↑	그녀	피드를 점령하다	
		피동			

➕ PLUS ···

피동의 의미를 나타낼 때는 '被'자문을 사용합니다.

객체 + 被 + 주체 + 술어 + 기타 성분

객체가 주체에 의해 처치(당함) 처치 결과

> 이 단어는 굉장히 생소할 것 같은데요, 의미를 알고 나면 공감이 많이 될 단어입니다. 확장된 의미로 '스크롤을 내리다'라는 뜻을 가진 '刷'와 '스크린, 액정'의 의미를 가진 '屏'이 만나 'SNS의 피드를 점령하다'라는 뜻을 나타내요. 아무리 스크롤을 내려도 모두 그녀의 게시물이라는 뜻이에요.

后 hòu 명 뒤, 후 | **牙** yá 명 이, 치아 | **刷卡** shuā//kǎ 통 카드로 결제하다 | **晚上** wǎnshang 명 저녁, 밤
朋友圈 péngyou quān 명 (SNS상의) 피드 | **被** bèi 전 ~에게 ~을 당하다 | **刷屏** shuā//píng 통 피드를 점령하다

꼭 챙기기 忘记

학업이나 일 등에서 망했던 경험이 있다면 어떻게 하는 것이 좋을까요? 저는 잊고 새로 시작하는 것이 가장 좋은 방법이라고 생각하는데요, 이에 딱 맞는 동사가 있어요. 바로 '忘'인데요, 망할 망 '亡'과 마음 심 '心'이 합쳐져 잊을 망 '忘'이 되었어요. 이번 시간에는 '잊어버리다'라는 의미의 '忘记'를 살펴보며 '忘'을 단독으로 사용하는 경우까지 함께 알아보도록 해요.

🎧 45

응급 처치 문장

1 나는 불 끄는 것을 자주 잊어버립니다.

我 经常 忘记 关 灯。
Wǒ jīngcháng wàngjì guān dēng.
나 자주 잊어버리다 끄다 등, 등불

2 나는 오늘 약속이 있는 것을 잊어버렸습니다.

我 忘记了 今天 有 约。
Wǒ wàngjìle jīntiān yǒu yuē.
나 잊어버리다 오늘 있다 약속

주치의 진단

'(지난 일을) 잊다, 망각하다'라는 뜻의 '忘'과 '기억하다'라는 의미의 '记'가 결합하여 '기억하는 것을 잊다, 잊어버리다'라는 뜻으로 쓰여요.

➕PLUS ··

'忘'과 '记'는 서로 반대의 의미를 가진 반의어입니다.

1 나는 당신을 잊어버리지 않았습니다.

我 没(有) 忘记 你。
Wǒ méi(yǒu) wàngjì nǐ.
나 　　　　　　 잊어버리다 당신

> '나는 당신을 기억합니다'와 '나는 당신을 잊지 않았습니다'의 어감이 다르지 않나요? 그럼 '나는 당신을 기억합니다.'는 중국어로 어떻게 말할까요? 바로 '我还记得你.'라고 해요. 같이 기억해 두세요!

2 나는 여권을 잊고 가져오지 않았습니다.

我 忘 带 护照 了。
Wǒ wàng dài hùzhào le.
나 　잊다 휴대하다 여권

> 외출했을 때 지갑 등을 잊고 가지고 나오지 않은 적 있지요? 이 표현은 '잊다'라는 의미의 '忘'과 '휴대하다'라는 의미의 '带'를 사용해서 '忘带 휴대하는 것을 잊다'라고 표현합니다.

3 나는 핸드폰을 차에 두고 왔습니다.

我 把 手机 忘在车上 了。
Wǒ bǎ shǒujī wàngzài chē shang le.
나 ↑ 핸드폰 잊다 ↑ 차에
　　처치(능동)　　결과보어: ~에/~에다가

> 조금 더 나아가 어떤 장소에 두고 왔다는 표현도 '忘'으로 할 수 있어요. 바로 동작의 결과가 존재하는 장소를 보충해 주는 결과보어 '在'를 사용합니다. 잊어버린 결과가 그곳에 존재한다는 것이니 그곳에 두고 왔다는 뜻이 되는 거예요.

关 guān 통 닫다, 끄다 | 灯 dēng 명 등, 등불 | 约 yuē 명 약속 | 忘 wàng 통 잊다, 망각하다
记得 jìde 통 기억하고 있다, 잊지 않고 있다

이젠 익숙해요 习惯

습관이라는 건 무엇일까요? 어떤 것에 익숙해진다는 것이겠죠? 그런데 '습관이 되다'라는 의미를 가진 동사 '习惯'을 '익숙해졌다'라고 해석하는 것에 어색함을 느끼는 분들이 많은 것 같아요. 이번 시간에 '习惯'이 '익숙해지다'라는 의미로 쓰인 문장을 같이 살펴보도록 해요.

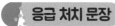 응급 처치 문장

1　나는 식후에 커피 마시는 것이 습관이 되었습니다.

我 习惯了 饭后 喝 咖啡。

Wǒ　　xíguànle　　fàn hòu　　hē　　kāfēi.
나　　습관이 되다　　식후　　마시다　　커피

2　나는 이미 이곳에서의 생활에 익숙해졌습니다.

我 已经 习惯了 这里的生活。

Wǒ　　yǐjīng　　xíguànle　　zhèlǐ de shēnghuó.
나　　이미　　익숙해지다　　이곳의 생활

 주치의 진단

1번 문장의 목적어가 '식후에 커피를 마시는 것'이기 때문에 습관이 되었다고 해석할 수 있어요. 하지만 2번 문장은 '이곳의 생활'이 목적어이기 때문에 '습관이 되었다'보다는 '익숙해졌다, 적응이 되었다'라고 해석하는 게 더 자연스럽겠죠? '习惯'은 이 두 가지 의미를 모두 가지고 있기 때문에 문맥에 따라 해석을 달리해 주면 돼요.

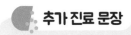
1 우리는 이미 이런 공부 방식에 익숙해졌습니다.

我们 已经 习惯了 这样的学习方式。

Wǒmen　yǐjīng　xíguànle　zhèyàng de xuéxí fāngshì.
우리　　이미　익숙해지다　　　이러한 공부 방식

> 어떠한 방식, 새로운 문화 등 생각해 보면 익숙해질 수 있는 대상은 참 많아요. 이럴 땐 고민 없이 '习惯'을 사용해 보세요. '이미 익숙해졌다.'라는 표현인 '已经习惯了.' 그리고 '익숙해졌습니까?, 적응이 되었나요?'라고 묻는 '习惯了吗?' 이 두 가지 패턴이 가장 자주 쓰이니 통째로 외우는 것도 좋은 방법이에요.

2 당신은 중국요리 먹는 것에 익숙해졌나요?

你 吃 中国菜，习惯了 吗?

Nǐ　chī　Zhōngguócài,　xíguàn le　ma?
당신　먹다　중국요리　　　익숙해지다

3 앞으로 차차 익숙해질 거예요.

以后 会 慢慢 习惯 的。

Yǐhòu　huì　mànmān　xíguàn　de.
앞으로　　　차츰　　익숙해지다

조동사(추측): ~할 것이다

这里 zhèlǐ 때 여기, 이곳 | **生活** shēnghuó 명 생활 | **这样** zhèyàng 때 이와 같다, 이렇다
学习 xuéxí 동 학습하다, 공부하다 | **方式** fāngshì 명 방식 | **慢慢** mànmān 부 차츰, 천천히, 차차

생겨나고 자라나는

여러분 혹시 다음자(多音字)라는 말 들어 보셨나요? 두 개 이상의 발음을 가지는 글자를 말하는데요, '长'이 바로 대표적인 다음자 중 하나예요. 'cháng'이라고 읽을 때는 주로 '길다'라는 의미의 형용사이지만, 'zhǎng'으로 읽으면 '생기다' '자라다'라는 동사로 쓰여요. 이번 시간에는 동사로 사용된 '长'에 대해 살펴볼까요?

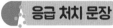 **응급 처치 문장**

1 얼굴에 많은 여드름이 생겼습니다.

脸上　长了　很多痘痘。

Liǎn shang　zhǎngle　　hěn duō dòudòu.
얼굴에　　생기다　　　많은 여드름

2 내 머리카락은 빨리 자랍니다.

我　头发　长　得　很快。

Wǒ　 tóufa　 zhǎng　 de　 hěn kuài.
나　 머리카락　자라다　　　 빠르다
　　　　　　　　　　　　　　↑
　　　　　　　　　　　　정도보어

 주치의 진단

동사로 쓰이는 '长'은 대표적으로 '생기다' '자라다' '성장하다' 등의 의미를 가지는데요, 해석은 무(無)에서 출발하는 것이면 '생기다'라고 하고, 유(有)에서 출발하는 것이면 '자라다' '성장하다'라고 해요. 그리고 '자라다' '성장하다'의 뜻으로 사용할 때는 2번 문장처럼 주로 정도보어를 사용해 자라는 속도를 보충해 줍니다.

1 나는 살이 쪘습니다.

我 长胖 了。

Wǒ zhǎngpàng le.

나　살찌다

> '长'은 '자라다, 성장하다'라는 의미가 있기 때문에 '뚱뚱하다'라는 의미의 '胖'과 합쳐져 '살찌다', '높다'라는 의미의 '高'와 합쳐져 '키가 자라다', '(나이가) 많다'라는 의미의 '大'와 합쳐져 '성장하다'라는 의미를 표현합니다.

2 아이는 키가 자랐죠?

孩子 个子 长高 了 吧?

Háizi gèzi zhǎnggāo le ba?

아이　키　(키가) 커지다

3 엄마, 제 걱정은 하지 마세요. 저 이미 다 컸어요.

妈妈, 请 不要 为我 担心, 我 已经 长大 了。

Māma, qǐng búyào wèi wǒ dānxīn, wǒ yǐjīng zhǎngdà le.

엄마　～하지 마라　나　걱정하다　나　이미　성장하다

공손한 요청　전치사: ~을/를 위하여

➕PLUS ....

'高'와 '大'는 각각 '높다', '크다, 많다'의 의미를 가지고 있지만 주어가 사람일 때 '高'는 키를, '大'는 나이를 나타내요.

脸 liǎn 📗 얼굴 | 痘痘 dòudòu 📗 여드름, 뾰루지 | 头发 tóufa 📗 머리카락 | 快 kuài 📙 빠르다
胖 pàng 📙 뚱뚱하다, 살찌다 | 个子 gèzi 📗 키 | 高 gāo 📙 높다 | 不要 búyào 📘 ~하지 마라 | 为 wèi 📕 ~을/를 위하여
担心 dān//xīn 📗 걱정하다 | 大 dà 📙 (수량·연령이) 많다, (크기가) 크다

上의 재발견

중국어를 배우기 전, 저는 '上'은 그저 '위쪽'을 뜻한다고 생각했는데요, 중국어를 배우고 보니 정말 많은 뜻을 가지고 있더라고요. 그래서 이번 시간에는 '上'이 가지고 있는 주요한 의미들을 함께 살펴보려고 해요. 동사로 쓰이는 경우는 물론, 방위사로 사용된 경우까지 빠짐없이 알아볼까요?

응급 처치 문장

1 리나는 인터넷을 하는 중입니다.

李娜 在 上网。

Lǐ Nà　zài　shàngwǎng.
리나　↑　인터넷을 하다

부사(진행): ~하는 중이다

2 당신이 인터넷에서 산 옷 어떻습니까?

你 在网上 买的衣服 怎么样?

Nǐ　zài wǎng shang　mǎi de yīfu　zěnmeyàng?
당신　↑　인터넷에서　산 옷　어떠한가

전치사: ~에서

주치의 진단

'上'과 '网'의 순서만 바뀌었을 뿐인데 뜻이 완전히 달라졌죠? 두 예문에서 '网'은 인터넷을 뜻하고, 1번 문장의 '上'은 '정해진 시간에 일, 공부, 인터넷 등을 하다'라는 의미로 쓰인 동사, 2번 문장의 '上'은 어떤 사물의 범위 내에 있음을 나타내는 방위사입니다. 그래서 '上网'은 '인터넷을 하다', '网上'은 '인터넷에서'라고 해석되는 거예요.

➕PLUS

'上'이 명사 뒤에서 '어떤 사물의 범위 내' 또는 '물체의 표면'을 나타내는 방위사로 쓰인 경우 경성으로 발음되는 것에 주의하세요.

1 나는 요즘 필라테스 수업을 듣습니다.

我 最近 上普拉提课。

Wǒ zuìjìn shàng pǔlātí kè.
나 요즘 필라테스 수업을 듣다

> '上'이 '정해진 시간에 일, 공부, 인터넷 등을 하다'라는 의미로 쓰이는 대표적인 경우가 바로 수업을 듣는 것입니다. 수업하다 '上课', 수업이 끝나다 '下课' 기억하세요!

2 차가 곧 출발합니다. 빨리 차에 타세요.

车 要 出发 了, 快 上车。

Chē yào chūfā le, kuài shàng chē.
차 출발하다 빨리 차에 타다
↑ 시간의 임박

> '上'은 낮은 곳에서 높은 곳으로 '오르다'라는 의미도 가지고 있어요. 그래서 '上车' 하면 '차에 오르다' '차에 타다'라는 뜻이 되는 거예요. 그럼 '차에서 내리다'는 뭐라고 할까요? 바로 '下车'라고 해요.

3 종업원, 차를 내어 주세요.

服务员, 请 上茶。

Fúwùyuán, qǐng shàng chá.
종업원 차를 내오다
↑ 공손한 요청

> '上'은 '식탁 위로 요리, 음료 등을 올리다'라는 의미로도 사용되는데, 우리가 음식 등을 주문할 때는 '주세요'란 의미로 '来'를 사용하지만, 만약 주문이 완료된 상황에서 주문한 차를 내와 달라고 말하고 싶을 때는 '来'가 아닌 '上'을 쓰면 됩니다.

4 바닥에 있는 쓰레기를 주워 주세요.

你 把 地上的垃圾 捡起来。

Nǐ bǎ dì shang de lājī jiǎn qǐlai.
당신 바닥 위의 쓰레기 줍다
↑ 처치(능동) ↑ 방향보어(동작이 위로 향함을 나타냄)

> '上'은 어떠한 물체의 표면을 나타내는 방위사로도 사용됩니다. 그래서 '바닥에, 벽에, 옷에' 등을 이야기할 때 너무 어렵게 생각하지 말고 바로 '上'을 떠올려 주면 돼요.

上网 shàng//wǎng 통 인터넷에 접속하다 | **网** wǎng 명 인터넷, 그물, 망 | **衣服** yīfu 명 옷 | **普拉提** pǔlātí 명 필라테스
出发 chūfā 통 출발하다 | **服务员** fúwùyuán 명 종업원 | **茶** chá 명 차 | **地** dì 명 땅, 바닥 | **垃圾** lājī 명 쓰레기

'需要'를 한자 그대로 읽으면 '수요', 그러니까 '필요'를 나타내지요? 그래서 '需要'의 대표적인 뜻은 '필요하다'예요. 하지만 뒤에 명사가 올 때와 동사가 올 때의 뜻은 조금 달라지니 이 점에 유의하면서 이번 시간 '需要'에 대해 알아보도록 해요.

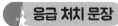 응급 처치 문장

1 나는 당신이 필요합니다.

我 需要 你。

Wǒ　　xūyào　　nǐ.
나　　필요하다　　당신

2 장리는 당신의 도움을 필요로 합니다.

张丽 需要 你的帮助。

Zhāng Lì　　xūyào　　nǐ de bāngzhù.
장리　　필요로 하다　　당신의 도움

 주치의 진단

'需要' 뒤에 명사가 오면 '필요로 하다'의 의미를 가지게 돼요. 필요로 하는 대상은 물건일 수도 있고 어떤 추상적인 동작이나 마음 등일 수도 있어요.

116

1 우리는 선물을 준비해야 합니까?

我们 需要 准备 礼物 吗?

Wǒmen xūyào zhǔnbèi lǐwù ma?
우리　해야 한다　준비하다　선물

⊕ PLUS ┈┈┈┈┈┈┈┈┈┈┈┈┈┈┈┈┈

조동사 '应该'가 도리상의 의무를 나타낸다면, '需要'는 필요상의 의무를 나타낸다는 점이 둘의 차이점이에요.

> '需要' 뒤에 동사가 오면 그 동작을 하는 것이 '필요하다'라는 뜻이므로, '~을/를 해야 한다'라는 의무를 나타내게 됩니다.

2 그녀는 약을 먹어야 합니까?

她 需不需要 吃 药?

Tā xū bu xūyào chī yào?
그녀 　　　 먹다 약
　　↑
　정반의문

3 당신은 예약할 필요가 없습니다.

你 不 需要 预订。

Nǐ bù xūyào yùdìng.
당신 　해야 한다 예약하다
　↑
부정

> '~을/를 해야 한다'라는 의미로 쓰인 '需要'의 부정은 '~할 필요 없다, ~하지 않아도 된다'로 해석합니다.

4 당신이 모든 사람의 요구를 만족시켜 줄 수는 없어요.

你 不 能 满足 每个人的需要。

Nǐ bù néng mǎnzú měi ge rén de xūyào.
당신 　　 만족시키다 　모든 사람의 요구
　↑
조동사(가능): ~할 수 있다

> '需要'가 명사로 사용될 때는 '수요'뿐만 아니라 '요구'라는 뜻으로도 자주 사용된다는 것도 함께 기억해 두세요.

礼物 lǐwù 圐 선물 | 药 yào 圐 약 | 预订 yùdìng 圐 예약하다 | 满足 mǎnzú 圐 만족하다

117

방해하지 말아 줘요

'影响'은 '영향을 주다'라는 의미를 가진 동사이죠? 이렇게 뜻만 놓고 보면 쉬워 보이지만 많은 분들이 '影响'을 문장에 활용할 때 어렵다고 느끼시더라고요. '影响'의 사용법은 생각보다 훨씬 간단해요. 이번 시간에 '影响'의 의미와 함께 사용법까지 확실히 익혀서 앞으로는 자주 사용해 보도록 해요.

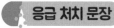 **응급 처치 문장**

1   부모의 말이 아이에게 영향을 미칠까요?

父母的话　会　影响　孩子　吗?

Fùmǔ de huà　huì　yǐngxiǎng　háizi　ma?

부모의 말　　　　영향을 주다　아이

↑

조동사(가능성)

2   식사 습관은 신체 건강에 영향을 미칩니다.

吃饭的习惯　影响　身体健康。

Chī fàn de xíguàn　yǐngxiǎng　shēntǐ jiànkāng.

밥 먹는 습관　　　영향을 주다　신체 건강

 주치의 진단

'影响'을 한자 그대로 읽으면 '영향'이기 때문에 '영향을 주다'라는 의미를 표현하려고 할 때 이 '주다'라는 의미를 어떻게 써야 하나 고민했던 분들 분명 계실 것 같아요. 정답은 의외로 간단합니다. '影响' 하나면 충분해요. 단어의 의미 자체가 '영향을 주다'이기 때문에 목적어 자리에 영향을 받는 대상만 쓰면 됩니다.

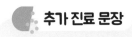
1 부모의 언어가 아이에게 미치는 영향은 매우 큽니다.

父母的语言　对孩子的影响　很　大。

Fùmǔ de yǔyán　duì háizi de yǐngxiǎng　hěn　dà.

부모의 언어　아이에 대한 영향　매우　크다

> '影响'이 명사로 사용되는 경우 1번 문장처럼 'A对B的影响~ A가 B에 미치는 영향은 ~하다'라는 유형과 2번 문장처럼 'A受B的影响 A는 B의 영향을 받는다'라는 유형, 이 두 가지로 자주 쓰이니 함께 기억해 두세요.

2 아이의 성격은 부모의 언행의 영향을 받습니다.

孩子的性格　受　父母言行的影响。

Háizi de xìnggé　shòu　fùmǔ yánxíng de yǐngxiǎng.

아이의 성격　받다　부모 언행의 영향

3 당신은 다른 사람 식사하는 데 영향을 주고 있어요. 알아요?

你　在　影响　别人　吃　饭，知道吗?

Nǐ　zài　yǐngxiǎng　biérén　chī　fàn,　zhīdào ma?

당신　↑　영향을 주다　다른 사람　먹다　밥　알다

부사(진행): ~하는 중이다

> '영향을 주다'라는 의미는 상황과 문맥에 따라 3, 4번 문장처럼 '방해가 되다'라는 의미 등으로 해석되기도 합니다.

4 당신의 목소리는 제 공부에 방해가 되었습니다.

你的声音　影响到　我　学习　了。

Nǐ de shēngyīn　yǐngxiǎng dào　wǒ　xuéxí　le.

당신의 목소리　영향을 주다 ↑　나　공부하다

결과보어(결과 도달)

父母 fùmǔ 몡 부모 | 习惯 xíguàn 몡 습관 | 健康 jiànkāng 혱 건강하다 | 语言 yǔyán 몡 언어 | 性格 xìnggé 몡 성격
受 shòu 통 받다 | 言行 yánxíng 몡 언행 | 别人 biérén 몡 타인, 다른 사람

1 다음 중 '参加'를 동사로 사용할 수 없는 문장을 고르세요.

① 你打算(　)李军的婚礼吗?　　② 我下午(　)作业。

③ 李娜准备(　)网球比赛。　　④ 我每个月都(　)同学聚会。

⑤ 今天的会议我不(　)。

*网球 테니스

2 빈칸에 들어갈 알맞은 단어를 고르세요.

她 [　　] 到我家隔壁来了。

그녀는 제 옆집으로 이사 왔습니다.

*隔壁 옆집, 이웃집

① 走　　　② 般　　　③ 搬家　　　④ 搬　　　⑤ 开

3 단어를 배열하여 문장을 완성해 보세요.

我的手机 / 了 / 他 / 弄 / 把 / 坏　그가 내 핸드폰을 망가뜨렸습니다.

⟶ _____。

4 빈칸에 공통으로 들어갈 수 있는 단어를 고르세요.

· 这儿不能 [　　] 卡。　　· 他天天 [　　] 手机。

· 你 [　　] 牙了没有?

① 刷　　　② 用　　　③ 玩儿　　　④ 洗　　　⑤ 擦

5 다음 중 '忘'이 들어갈 자리로 알맞은 것을 고르세요.

　A 我 B 把 C 钱包 D 在房间里 E 了。

나는 지갑을 방에 두고 왔습니다.

① A　　　② B　　　③ C　　　④ D　　　⑤ E

6 빈칸에 들어갈 알맞은 단어를 고르세요.

> 我在中国的生活已经 [　　　　] 了。

① 喜欢　　　② 习惯　　　③ 希望　　　④ 愿意　　　⑤ 想

7 밑줄 친 단어의 한어병음으로 옳은 것을 고르세요.

> 我已经长大了。
> 저는 이미 다 컸습니다.

① chāng　　② cháng　　③ zhāng　　④ zháng　　⑤ zhǎng

8 다음 중 '上'의 품사가 다른 것을 고르세요.

① 您先上车。　　　　　　　② 我喜欢网上买东西。
③ 你今天上什么课?　　　　④ 客人来了应该先上茶。
⑤ 你还在上网吗?

*客人 손님

9 단어를 배열하여 문장을 완성해 보세요.

不 / 票 / 孩子 / 买 / 需要　　아이는 표를 살 필요가 없습니다.

→ _____。

10 다음 문장을 바르게 해석한 것을 고르세요.

> 你别影响姐姐学习。

① 언니/누나 공부하는 데 방해하지 마세요.
② 언니/누나 공부하는 데 괴롭히지 마세요.
③ 언니/누나 공부하는 데 좋은 영향을 주세요.
④ 언니/누나 공부하는 데 영향을 미칠 수 있어요.
⑤ 언니/누나 공부하는 데 영향을 미칠 수 없어요.

정면으로 마주하기

'쉬엄쉬엄 갈 착(辶)'과 '긴꼬리원숭이 우(禺)'가 합쳐진 글자 '遇'를 보면 원숭이가 길을 타박타박 걸어 다니는 모습이 상상되는데요, 원숭이가 걸어 다니며 어떤 의미들을 만들어 낼지 하나씩 같이 살펴볼까요?

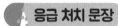

응급 처치 문장

1   나는 길에서 고등학교 동창을 마주쳤습니다.

我　在路上　遇到了　高中同学。
Wǒ　zài lùshang　yùdàole　gāozhōng tóngxué.
나　　　길 위　　마주치다　　　고등학교 동창

전치사: ~에서

2   나는 유명한 사람을 마주쳐 본 적이 없습니다.

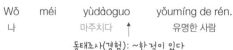

我　没　遇到过　有名的人。
Wǒ　méi　yùdàoguo　yǒumíng de rén.
나　　　마주치다　　유명한 사람

동태조사(경험): ~한 적이 있다

주치의 진단

원숭이가 길을 걸어 다니다 보면 우연히 사람들을 마주치게 되지 않을까요? '遇到'의 가장 기본적인 의미는 '(사람을) 마주치다'예요. 하지만 마주칠 수 있는 것이 사람뿐만은 아니기 때문에 '遇到'는 자주 함께 쓰이는 '짝꿍 명사'를 기억해 두면 도움이 돼요. [추가 진료 문장]에서 주요한 세 가지 짝꿍 명사를 살펴보도록 해요.

1 당신은 이런 상황을 맞닥뜨려 본 적이 있습니까?

你 遇到过 这种情况 吗?

Nǐ　yùdàoguo zhè zhǒng qíngkuàng ma?
당신　맞닥뜨리다　　이러한 상황

동태조사(경험): ~한 적이 있다

> 사람이 아닌 어떤 상황이나 문제를 마주하게 되었을 때도 '遇到'를 사용합니다. 이때는 '만나다, 마주치다' 보다는 '맞닥뜨리다, 봉착하다'라고 해석하면 더 정확한 의미를 전달할 수 있어요.

2 그는 요즘 어려움을 맞닥뜨렸습니다.

他 最近 遇到 困难 了。

Tā　zuìjìn　yùdào　kùnnan　le.
그　요즘　맞닥뜨리다　어려움

> '遇到困难 어려움을 맞닥뜨리다'는 시험의 단골 손님이니 꼭! 암기하세요.

3 리나는 문제를 맞닥뜨리는 것을 두려워하지 않습니다.

李娜 不 害怕 遇到 问题。

Lǐ Nà　bú　hàipà　yùdào　wèntí.
리나　　무서워하다 맞닥뜨리다　문제

> 상황, 어려움, 문제 등 '遇到'와 짝꿍으로 쓰이는 명사들은 함께 세트로 기억해 두세요.

路上 lùshang 명 길 위, 길 가는 중 | **高中** gāozhōng 명 고등학교 | **有名** yǒumíng 형 유명하다
种 zhǒng 양 종, 종류, 부류 | **情况** qíngkuàng 명 상황 | **困难** kùnnan 명 어려움, 곤란
害怕 hài//pà 동 무서워하다, 두려워하다 | **问题** wèntí 명 문제

일손이 부족해요

'돕다'라고 하면 어떤 단어가 떠오르세요? 아마 '帮' '帮助' 그리고 '帮忙'을 떠올리실 것 같은데요, '帮'은 '帮助'와 '帮忙'을 구성하고 있는 동사로 가장 포괄적인 '돕다'라는 의미를 가지고 있어요. 그리고 '帮'과 '帮助'는 의미와 용법이 모두 동일합니다. 하지만 '帮忙'은 이 둘과 의미도 조금 다르고 용법은 더더욱 달라요. 이번 시간을 통해 함께 알아보도록 해요.

응급 처치 문장

1   리쮠은 리나가 공부하는 것을 자주 도와줍니다.

李军 常常 帮助 李娜 学习。

Lǐ Jūn   chángcháng   bāngzhù   Lǐ Nà   xuéxí.
리쮠   자주   돕다   리나   공부하다

2   당신 이사할 때, 제가 당신 집에 가서 도와주겠습니다.

你 搬家的时候，我 去 你家 帮忙。

Nǐ   bānjiā de shíhou,   wǒ   qù   nǐ jiā   bāngmáng.
당신   이사하다   ~할 때   나   가다   당신 집   돕다

 주치의 진단

'帮助'는 '돕다'라는 의미의 '帮'과 '조력, 협조하다'라는 의미의 '助'가 합쳐져 있어요. 그래서 다른 사람을 물질적, 정신적으로 지원하는 포괄적인 의미의 도움을 나타내요. 반면에 '帮忙'은 '帮'과 '바쁘다'라는 의미의 '忙'이 합쳐져 있지요? 그래서 '帮忙'은 '(바쁜) 일'을 돕는 것에 초점이 맞춰져 있어요. 일손이 모자란 곳에 일손을 더해 주는 도움으로 기억해 볼까요?

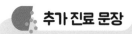

1 나는 다른 사람을 돕는 것을 좋아합니다.

我 喜欢 帮助 别人。

Wǒ　xǐhuan　bāngzhù　biérén.
나　좋아하다　돕다　다른 사람

> '帮助'와 '帮忙'의 용법상의 차이점은 매우 명확합니다. 왜냐하면 '帮忙'은 이합동사이기 때문이에요. 이합동사는 동사와 목적어가 합쳐진 형태의 동사이기 때문에 뒤에 목적어가 올 수 없습니다. 그래서 '帮忙'에 목적어를 더하려면 '帮+도움을 받는 대상+的+忙'의 형태로 사용해야 해요.

2 나는 다른 사람을 돕는 것을 좋아합니다.

我 喜欢 帮别人的忙。

Wǒ　xǐhuan　bāng biérén de máng.
나　좋아하다　다른 사람을 돕다

3 좀 도와주세요.

请 你 帮帮忙。

Qǐng　nǐ　bāngbangmáng.
　↑　당신　돕다
공손한 요청　　　↑
　　　　　동사 중첩

> '帮忙'은 이합동사이기 때문에 중첩을 할 때에도 주의가 필요해요. 원래 동사의 중첩은 1음절 동사일 때는 AA의 형태(이때 두 번째 동사는 경성으로 발음), 2음절 동사일 때는 ABAB의 형태로 중첩하는데, 이합동사는 앞의 동사만 중첩하여 AAB의 형태로 표현합니다.

常常 chángcháng 🔹 항상, 자주 ｜ **喜欢** xǐhuan 🔹 좋아하다

휴대하고? 데리고?

명사로는 '띠' '벨트'의 뜻을 가진 '带'는 동사로 어떤 의미를 가질까요? '띠' '벨트' 하면 몸에 지니고 있는 모습이 바로 상상되지요? 이와 관련된 의미가 생각보다 많은데요, 이번 시간에는 가장 대표적인 세 가지 뜻을 알아보도록 해요.

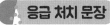 **응급 처치 문장**

1   나는 물티슈를 휴대했습니다.

我 带 湿巾 了。

Wǒ　　dài　　shījīn　　le.
나　　휴대하다　　물티슈

2   제가 가지고 있는 돈이 충분하지 않습니다. 다음에 다시 올게요.

我带的钱 不够, 下次 再 来 吧。

Wǒ dài de qián　　búgòu,　　xià cì　　zài　　lái　　ba.
내가 지닌 돈　　부족하다　　다음 번　　다시　　오다

 주치의 진단

동사 '带'가 나타내는 가장 기본적인 의미는 '휴대하다' '지니다'입니다. 주로 지갑, 핸드폰, 편의 용품, 돈 등에 사용해요. 1번 문장처럼 내가 '휴대하다' '챙기다'라는 의미로 쓰일 때도 있고, 2번 문장처럼 내가 '현재 가지고 있는 것'을 나타내는 의미로 사용될 때도 있습니다.

1 당신이 베이징에 오면 내가 당신을 데리고 이허위안에 놀러 갈게요.

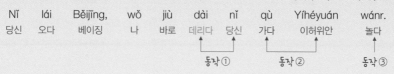

你 来 北京, 我 就 带 你 去 颐和园 玩儿。

Nǐ lái Běijīng, wǒ jiù dài nǐ qù Yíhéyuán wánr.

당신 오다 베이징 나 바로 데리다 당신 가다 이허위안 놀다

동작① 동작② 동작③

'带' 뒤에 오는 목적어가 사물이 아닌 사람이라면 '휴대하다' '지니다'라고 해석할 수 없겠죠? 이럴 때는 '데리다'라고 해석할 수 있어요. 주어가 주동적으로 상대를 인솔하는 것을 뜻해요.

2 당신 무슨 일이에요? 내가 당신을 데리고 병원에 진료 받으러 갈게요.

你 怎么了? 我 带 你 去 医院 看看 吧。

Nǐ zěnme le? Wǒ dài nǐ qù yīyuàn kànkan ba.

당신 무슨 일인가 나 데리다 당신 가다 병원 진료하다

동작① 동작② 동작③

3 그녀는 얼굴에 항상 미소를 띠고 있습니다.

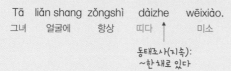

她 脸上 总是 带着 微笑。

Tā liǎn shang zǒngshì dàizhe wēixiào.

그녀 얼굴에 항상 띠다 미소

동태조사(지속): ~한 채로 있다

'带'는 '지니다'라는 뜻을 가지고 있기 때문에 '얼굴에 미소 등을 띠다'라는 의미로 확장되어 사용될 수도 있어요. 이 외에 잎이 있는 과일이라고 말할 때도 '잎을 지닌 과일'이라는 의미로 '带叶的橘子 잎을 지닌 귤'이라고 해요.

湿巾 shījīn 명 물티슈 | 不够 búgòu 통 부족하다, 모자라다 | 颐和园 Yíhéyuán 고유 이허위안[지명] | 医院 yīyuàn 명 병원
微笑 wēixiào 명 미소

합할 합 '合'과 손 수 '手'가 만나 '(손으로) 쥐다, 잡다, 가지다'의 의미를 가진 '拿'가 되었어요. '拿'는 단독으로 사용되는 경우보다 다른 문장 성분들과 합쳐져 다양한 의미를 나타내는 경우가 더 많은데, 우선 가장 기본적인 '가지다'의 의미로 쓰인 경우부터 살펴보도록 해요.

응급 처치 문장

1 컵을 가져오세요.

你 去 拿 杯子 来。

Nǐ　qù　ná　bēizi　lái.
당신　가다　가지다　컵　오다

2 카메라를 가져오세요.

你 把 照相机 带来 吧。

Nǐ　bǎ　zhàoxiàngjī　dàilái　ba.
당신　　　　카메라　휴대하다 오다
　　처치(능동)　　　방향보어

 주치의 진단

'拿来 가져오다'와 '带来 챙겨 오다' 둘의 의미가 정말 비슷하죠? 어떤 물건을 지닌 상태로 어딘가를 오고 간다는 의미에서는 큰 차이가 없어요. 하지만 둘을 반드시 구분해서 써야 하는 경우가 있어요. 바로 아주 가까운 거리를 오갈 때예요. '带'의 기본 의미는 '휴대하다'이기 때문에 '비교적 가까이 있는 물건을 가져오거나 가져가다'라는 옮김을 표현할 때는 어울리지 않아요. 반면 '拿'는 옮김의 표현, 휴대의 표현에 모두 자유롭게 사용 가능합니다.

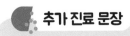

1 어떤 사람이 내 파우치를 가져갔습니다.

有人 把 我的化妆包 拿走 了。

Yǒu rén   bǎ   wǒ de huàzhuāngbāo   názǒu   le.

어떤 사람   나의 파우치   가지다 가다

처치(능동)   방향보어

> '쥐다, 가지다'라는 의미의 '拿'와 '가다'라는 의미의 '走'가 합쳐지면 '가져가다'라는 의미가 되고, 문맥에 따라서는 '훔쳐가다'라는 의미가 될 수도 있어요.

2 제가 들고 있어 줄게요.

我 帮 你 拿着。

Wǒ   bāng   nǐ   názhe.

나   돕다   당신   쥐다

동태조사(지속): ~한 채로 있다

> '拿'와 지속을 나타내는 동태조사 '着'가 합쳐지면 쥔 채로, 가진 채로 있는 것이기 때문에 '들고 있다'라는 의미가 됩니다.

3 이거 너무 무겁네요. 저는 못 들겠어요.

这个 太 重 了, 我 拿不动。

Zhège   tài   zhòng   le,   wǒ   ná bu dòng.

이것   무겁다   나   들지 못하다

너무 ~하다   가능보어

> '拿'와 '움직이다'라는 의미를 가진 '动'을 가능보어의 부정 형태로 연결하면 쥐어서 움직일 수 없는 것이기 때문에 '들 수 없다'라는 의미가 됩니다.

➕ PLUS ....

가능보어

동사 + 得/不 + 결과보어/방향보어 = 동작 혹은 행위의 가능 여부를 나타냄

예 听得懂 듣고 이해할 수 있다 ⟷ 听不懂 듣고 이해할 수 없다

杯子 bēizi 명 컵 | **化妆包** huàzhuāngbāo 명 화장품 가방, 파우치 | **重** zhòng 형 무겁다 | **动** dòng 동 움직이다

환전할 때는

이번 시간에는 '바꾸다' '교환하다'라는 의미를 가진 '换'에 대해서 함께 알아볼까요? 바꿀 수 있는 것은 우리 생각보다 꽤 다양해요. 그리고 바꾸는 대상에 따라 해석도 달라집니다.

응급 처치 문장

1 리쥔은 새 핸드폰으로 바꿨어요!

李军 换 新手机 了!

Lǐ Jūn   huàn   xīn shǒujī   le!

리쥔   바꾸다   새 핸드폰

2 우리 환전해야 해요.

我们 得 换钱。

Wǒmen   děi   huànqián.

우리   ↑   환전하다

조동사(필요): ~해야 한다

주치의 진단

일반 사물에 '换'을 사용하면 '바꾸다' '교체하다'라는 의미가 되지만, 돈을 나타내는 '钱'과 함께 쓰면 '환전하다'라는 의미를 가진 동사가 됩니다. [추가 진료 문장]에서 환전과 관련된 추가 표현과 '换'의 다양한 용법에 대해서 알아볼까요?

1 나는 달러를 모두 런민비로 바꿨습니다.

我 把 美元 都 换成 人民币 了。

Wǒ bǎ měiyuán dōu huànchéng rénmínbì le.
나 달러 모두 바꾸다 런민비

처치(능동) 결과보어: ~(으)로

환전 내용을 말하고자 할 때 '把'자문을 사용하여 가지고 있는 화폐를 어떤 화폐로 바꾸었는지(처치)를 이야기합니다. 이때 동작을 통해 변한 결과를 보충해주는 결과보어 '成'을 사용한다는 것도 꼭 함께 기억해 두세요.

2 1달러는 한국 돈으로 얼마입니까?

一美元 换 多少 韩币?

Yī měiyuán huàn duōshao hánbì?
1달러 바꾸다 얼마 한국 돈

구체적인 환율을 물을 때는 'A가 얼마만큼의 B로 바뀌는가'를 묻는 형태로 사용됩니다.

3 당신 집에 가서 옷을 갈아입고 다시 나오세요.

你 回家 换 件 衣服 再 出来 吧。

Nǐ huí jiā huàn jiàn yīfu zài chūlái ba.
당신 집에 가다 바꾸다 (한) 벌 옷 다시 나오다

'바꾸다' '교체하다' '교환하다'라는 의미를 갖는 '换'은 옷이나 교통수단과 함께 쓰여 '갈아입다' '환승하다'라는 의미를 나타내기도 합니다.

4 서울역에서 지하철로 갈아타세요.

你 在首尔站 换 地铁。

Nǐ zài Shǒu'ěrzhàn huàn dìtiě.
당신 서울역 바꾸다 지하철

전치사: ~에서

换钱 huàn//qián 통 환전하다 ㅣ **美元** měiyuán 명 달러 ㅣ **成** chéng 통 ~로 변하다, ~이 되다
人民币 rénmínbì 명 중국 화폐 ㅣ **多少** duōshao 대 얼마, 몇 ㅣ **韩币** hánbì 명 한국 화폐 ㅣ **件** jiàn 양 벌[옷을 세는 단위]
首尔 Shǒu'ěr 고유 서울[지명]

56 잘 썼어요 还

'还'는 우리에게 '아직'이라는 의미의 부사로 익숙하지요? 그런데 이 글자는 다음자(多音字)예요. '还'를 부사로 사용할 경우에는 'hái'라고 읽고, 동사로 사용할 경우에는 'huán'이라고 읽어요. 이번 시간에는 부사로 사용된 '还'와 동사로 사용된 '还'을 비교해 보고 '还'의 다양한 표현도 함께 알아보도록 해요.

응급 처치 문장

1   리쥔은 아직도 설거지를 하는 중입니까?

李军 还 在 洗碗 吗?

Lǐ Jūn   hái   zài   xǐ wǎn   ma?

리쥔   아직   ↑   설거지하다

부사(진행): ~하는 중이다

2   당신은 언제 나에게 돈을 돌려줄 수 있습니까?

你 什么时候 可以 还 我 钱 呢?

Nǐ   shénme shíhou   kěyǐ   huán   wǒ   qián   ne?

당신   언제   ↑   돌려주다   나   돈   ↑

조동사(가능): ~할 수 있다   의문의 어기

주치의 진단

'还'가 부사로 사용된 경우에는 '아직' '여전히'라는 의미를 가지고, 동사로 쓰일 때는 '돌려주다'라는 의미를 가집니다. 동사로 사용된 '还'은 이중목적어를 갖기 때문에 '누가+돌려주다+누구에게+무엇을' 형태의 문장 구조로 표현합니다.

1 나는 주운 신분증을 주인에게 돌려주었습니다.

我　把　捡到的身份证　还给　主人　了。

Wǒ　bǎ　jiǎndào de shēnfènzhèng　huángěi　zhǔrén　le.
나　　　　　　주운 신분증　　　　　　　　주인

처치(능동)　　　　　　　　　　　　　결과보어: ~에게

'还'은 동사로 '돌려주다'라는 의미를 가지고 있기 때문에 처치문을 만드는 '把'와 자주 함께 쓰여요. 그리고 이때는 돌려준 대상을 보충해 주는 결과보어 '给'가 필요합니다.

2 그는 왜 아직도 책을 돌려주지 않나요?

他　怎么　还　没　还　书　啊?

Tā　zěnme　hái　méi　huán　shū　a?
그　어째서, 왜　아직　　돌려주다　책

　　　　　　　부정　　　　　　　　　(의문대명사와 함께)
　　　　　　　　　　　　　　　　　　　의문의 어기

➕PLUS

문장에서 '还'가 동사 앞에 있다면 부사이고, 명사 앞에 있다면 동사로 쓰인 것이니 위치에 따라 잘 구분해서 발음하는 거 잊지 마세요.

이 문장에는 부사 '还'와 동사 '还'이 모두 있네요. '还'가 부사로 사용되는 경우에는 '没(有)'와 세트로 쓰여 '아직 ~하지 않았다'라는 의미를 나타내는 경우가 많아요. 그리고 동사로 사용되는 경우에는 '换'과 헷갈리지 않도록 주의하세요. '换 huàn'의 발음은 제4성, 의미는 '바꾸다'이고, '还 huán'은 제2성, '원래 주인에게 돌려주다'라는 의미입니다.

3 여기 초밥도 있어요.

这儿　还　有　寿司　呢。

Zhèr　hái　yǒu　shòusī　ne.
여기　또한　있다　초밥

　　　　　　　　　　　사실 확인의 어기

부사로 쓰이는 '还'는 '또한'이라는 의미도 가지고 있어요. 그래서 '有'와 함께 '~ 또한 있다'라는 의미로도 사용됩니다.

➕PLUS

'还有' 자체가 '그리고' '게다가'라는 의미를 가지기도 해요.

身份证 shēnfènzhèng 몡 신분증 ｜ **寿司** shòusī 몡 스시, 초밥

아주 잘 알고 있어요

사전에서 '了解'의 뜻을 찾아보면 '알다' '이해하다'라고 나와요. 하지만 비슷한 뜻을 가진 다른 단어들이 많아 어떻게 사용해야 할지 헷갈리시죠? 이번 시간에는 '了解'와 혼동하기 쉬운 두 단어를 함께 보며 '了解'의 뜻을 보다 정확히 알아가는 시간을 가져 보도록 해요.

응급 처치 문장

1 나는 리나를 잘 알고 있습니다. 그녀는 빨간색을 고를 거예요.

我 了解 李娜, 她 会 选 红色。

Wǒ liǎojiě Lǐ Nà, tā huì xuǎn hóngsè.

나 알다, 이해하다 리나 그녀 ↑ 선택하다 빨간색

조동사(추측): ~할 것이다

2 오직 나의 아내만이 나를 이해합니다.

只有 我老婆 懂 我。

Zhǐyǒu wǒ lǎopo dǒng wǒ.

오직 나의 아내 이해하다 나

주치의 진단

1번 문장을 보면 알 수 있듯이 '了解'는 어떤 대상에 대해 아주 잘 알고 있음을 뜻해요. 그래서 그 대상이 사람이라면 그 사람의 기호, 취미, 성격 등에 대해 상세히 알고 있다는 것을 나타냅니다.

'懂'은 대상이 사람인 경우 '了解'와 같이 그 사람의 기호, 취미, 성격 등에 대해 알고 있는 것은 물론이고 나아가 어떤 상황에서 이 사람이 어떤 행동을 할 것인지까지 예측 가능할 정도로 더 깊게 알고 있음을 뜻해요. 그래서 사람을 이해한다고 할 때 '懂'을 쓰는 경우는 부모 자식 관계나 부부 관계처럼 아주 가까운 경우가 대부분입니다.

1 그는 중국 문화를 잘 알고 있습니다.

他 很 了解 中国文化。

Tā hěn liǎojiě Zhōngguó wénhuà.
그 매우 알다, 이해하다 중국 문화

> '了解'는 사람뿐만이 아닌 문화 등을 잘 알고 있음을 나타낼 때에도 쓰여요. '어떠한 분야에 대해 조예가 깊다'라는 뜻이 되기도 합니다.

2 이 내용들을 나는 다 이해했습니다.

这些内容 我 都 明白/懂 了。

Zhèxiē nèiróng wǒ dōu míngbai / dǒng le.
이 내용들 나 모두 이해하다

> '이해하다'라는 뜻을 가진 또 다른 단어 '明白'예요. 객관적으로 어떠한 사실에 대해 이해했음을 나타내기 때문에 자주 사용하게 되는 단어입니다.

3 당신 내가 한 말 이해했나요?

你 明白/懂 我说的话 吗?

Nǐ míngbai / dǒng wǒ shuō de huà ma?
당신 이해하다 내가 한 말

➕ PLUS ·································

'明白'는 거의 모두 '懂'으로 대체될 수 있는 반면, '懂'이 사용된 곳에 '明白'가 쓰일 수 있는지는 상황에 따라 달라요. 예를 들어 감정, 기분, 사람 등을 이해한다고 할 때는 '懂'만 사용할 수 있습니다.

选 xuǎn 동 선택하다 | 红色 hóngsè 명 빨간색 | 只有 zhǐyǒu 접 오직 ~만이 ~이다 | 老婆 lǎopo 명 아내
文化 wénhuà 명 문화 | 这些 zhèxiē 대 이러한, 이런 것들 | 明白 míngbai 동 알다, 이해하다

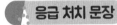
'~라고 느끼다, 생각하다'라는 의미로 '觉得'만 사용하다가 '认为'를 알게 되면 어떤 것을 써야 할지 혼란스러운 경우가 종종 생기죠? 사실 의미상의 큰 차이는 없어요. 하지만 어감상의 차이는 분명히 존재합니다. 자주 쓰는 단어인 만큼 이번 시간에 확실히 알아볼까요?

응급 처치 문장

1   나는 그가 운전기사라고 생각합니다.

我　觉得　他　是　司机。
Wǒ　juéde　tā　shì　sījī.
나　생각하다　그　이다　운전기사

2   나는 그가 운전기사라고 생각합니다.

我　认为　他　是　司机。
Wǒ　rènwéi　tā　shì　sījī.
나　생각하다　그　이다　운전기사

주치의 진단

1번 문장과 2번 문장은 해석이 완전히 같지요? 하지만 전달되는 어감은 달라요. '觉得'의 '觉'는 '감각' '느낌'을 나타내고, '认为'의 '认'은 '식별하다' '인정하다'를 뜻하는데, 여기에서 알 수 있듯이 '觉得'를 사용할 때는 '认为'를 사용할 때보다 확신의 어기가 약합니다. '认为'는 확실히 그렇다고 생각한다는 어기를 가지고 있어요.

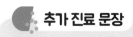
1 그녀는 왕웨이가 좋은 사람이 아니라고 생각합니다.

她 觉得 王伟 不 是 好人。

Tā　juéde　Wáng Wěi　bú　shì　hǎorén.
그녀　생각하다　왕웨이　　이다　좋은 사람

> 1, 2번 문장 역시 우리말 해석은 같지만, 1번 문장은 단정적인 어기가 아닌 '좋은 사람이 아닌 것 같아' 정도의 어감으로 전달되는 반면, 2번 문장은 '좋은 사람이 아니라고 생각한다'라는 확실한 의견을 전달하고 있어요.

2 그녀는 왕웨이가 좋은 사람이 아니라고 생각합니다.

她 认为 王伟 不 是 好人。

Tā　rènwéi　Wáng Wěi　bú　shì　hǎorén.
그녀　생각하다　왕웨이　　이다　좋은 사람

3 나는 이 문제가 매우 어렵다고 생각합니다.

我 觉得 这道题 很 难。

Wǒ　juéde　zhè dào tí　hěn　nán.
나　생각하다　이 문제　매우　어렵다

> '觉得'와 '认为'는 상황에 따라 어느 것이 그 문장에서 더 자연스러운지 구분해서 사용해야 해요. 3번 문장처럼 문제가 어려운 상황은 주관적인 것이라 사람마다 다를 수 있기 때문에 '觉得'가 자연스럽고, 4번 문장은 객관적으로 인정되는 경우이기 때문에 '认为'가 자연스러운 거죠.

4 우리는 모두 중국어가 매우 유용하다고 생각합니다.

我们 都 认为 汉语 很 有用。

Wǒmen　dōu　rènwéi　Hànyǔ　hěn　yǒuyòng.
우리　모두　생각하다　중국어　매우　유용하다

觉得 juéde 图 ~라고 생각하다, 여기다 | 司机 sījī 图 운전기사 | 好人 hǎorén 图 좋은 사람, 착한 사람
道 dào 图 문제 등을 세는 단위 | 题 tí 图 문제 | 有用 yǒuyòng 图 유용하다

59 의지 가득 愿意

'~하기를 원하다, 희망하다'라고 말할 때, 여러분은 어떤 단어를 자주 사용하시나요? 아무래도 비교적 익숙한 '希望'이 아닐까 싶은데요, 이번 시간에는 '希望'과 비슷하지만 전달되는 어감에는 차이가 있는 '愿意'를 '希望'과 비교하며 정확한 뜻을 알아보도록 할까요?

응급 처치 문장

1   나는 외국에 가서 일하기를 원합니다.

我 愿意 去 国外 工作。
Wǒ yuànyì qù guówài gōngzuò.
나 원하다 가다 국외 일하다
동작① 동작②

2   나는 싱가포르에 가서 일하기를 희망합니다.

我 希望 去 新加坡 工作。
Wǒ xīwàng qù Xīnjiāpō gōngzuò.
나 희망하다 가다 싱가포르 일하다
동작① 동작②

주치의 진단

1번 문장과 2번 문장의 해석은 비슷하지만 '愿意'와 '希望'의 두 번째 글자를 보면 이 두 단어가 전하는 어감의 차이를 알 수 있어요. '愿意'의 '意'에는 '의사' '의향'이라는 의미가 있고, '希望'의 '望'에는 '멀리 바라보다' '조망하다'라는 의미가 있어요. 그래서 '希望'은 단순히 희망하는 마음을 가지고 있는 어감을 전달하는 반면, '愿意'에는 본인의 의지가 더해져 있습니다. 당장이라도 행동을 할 준비가 되어 있는 거예요.

1 당신은 나와 결혼하기를 원합니까, 원하지 않습니까?

你　愿不愿意　跟我　结婚?

Nǐ　yuàn bu yuànyì　gēn wǒ　jiéhūn?

당신　　원하다　　　　나　　결혼하다

정반의문　전치사: ~와/과

> 개인의 의향에 대한 내용을 말할 때는 '愿意'가 자연스럽습니다.

2 그는 직업을 바꾸는 것을 원하지 않습니다.

他　不　愿意　换　工作。

Tā　bú　yuànyì　huàn　gōngzuò.

그　　　원하다　바꾸다　직업

3 나는 당신이 영원히 행복하고 즐겁기를 희망합니다.

我　希望　你　永远　幸福快乐。

Wǒ　xīwàng　nǐ　yǒngyuǎn　xìngfú kuàilè.

나　희망하다　당신　영원히　행복하고 즐겁다

> 축복을 전하는 말이나 개인의 의지로 어찌할 수 없는 희망 사항에 대한 내용을 전할 때는 '希望'을 사용해요.

4 꿈이 이루어지기를 바라요.

祝　你　心想事成。

Zhù　nǐ　xīn xiǎng shì chéng.

기원하다　당신　마음으로 생각한 일이 이루어지다

祝　축원 대상　축원 내용

> 축원, 기원의 말을 전할 때는 '축복하다' '기원하다'의 의미를 가진 동사 '祝'을 사용하는데, 이때는 '祝+축원 대상+축원 내용'의 형태로 사용합니다.

国外 guówài 명 국외, 해외 | **希望** xīwàng 동 희망하다, 바라다 | **新加坡** Xīnjiāpō 고유 싱가포르[지명]
永远 yǒngyuǎn 부 영원히, 늘, 언제나 | **幸福** xìngfú 명 형 행복(하다) | **快乐** kuàilè 형 즐겁다, 유쾌하다
祝 zhù 동 축원하다, 기원하다 | **心** xīn 명 마음, 생각 | **事** shì 명 일

60 술술 풀어내는 讲

여러분은 '讲'에 대해 생각해 본 적이 있나요? '说'와 같은 뜻이라고 알고 있지는 않나요? 물론 '说'와 의미도 용법도 똑같이 사용되는 경우도 있지만, '讲'만 사용 가능한 경우도 있어요. 그것은 두 단어가 가지고 있는 함축된 의미에 차이가 있기 때문인데요, 궁금하다면 이번 시간에 집중해 주세요.

응급 처치 문장

1   내가 당신에게 말할게요.

我 跟你 讲。

Wǒ　gēn nǐ　jiǎng.
나　　당신　말하다
　　　↑
전치사: ~에게

2   내 상사는 말하는 것을 좋아합니다.

我上司 喜欢 讲话。

Wǒ shàngsi　xǐhuan　jiǎnghuà.
나의 상사　좋아하다　말하다

 주치의 진단

1번과 2번 문장은 '讲'을 '说'로 바꿔도 전혀 틀리지 않아요. 하지만 전달되는 어감은 조금 다릅니다. '讲'의 글자 왼쪽에는 '말씀 언(讠)'이 부수로 있고, 오른쪽에는 '우물 정(井)'이 있는데, '우물 정(井)'을 보면 격자로 짜인 모양이죠? 마치 마이크를 연상시키기도 해요. 그래서 '说'가 의사 표현을 하는 행위 자체를 그대로 전달하는 단어라면, '讲'은 청중에게 말하는 의미를 강하게 가지고 있어요. 1번과 2번은 '说'를 썼을 때보다 조금 더 집중해서 들어야 할 것만 같은 느낌이 드는 문장입니다.

추가 진료 문장

1 그녀는 화가 났습니다. 당신은 일단 그녀에게 이치를 설명하지 마세요.

她 生气 了, 你 先 别 跟她 讲 道理。

Tā shēngqì le, nǐ xiān bié gēn tā jiǎng dàolǐ.
그녀 화나다 당신 우선 그녀 말하다 이치, 도리

别+동사:
~하지 마세요

전치사: ~에게

> '讲'은 청중에게 말하는 의미를 강하게 가지고 있죠? 그래서 이치에 대해 이야기하는 것이나 스토리를 들려주는 것 등 단순히 의사를 표현하는 말이 아닌 의미나 내용을 풀어 전달해야 하는 상황에는 '说'가 아닌 '讲'을 써요.

2 아이에게 이야기를 들려주는 것은 매우 중요합니다.

给孩子 讲 故事 很 重要。

Gěi háizi jiǎng gùshi hěn zhòngyào.
아이 말하다 이야기 매우 중요하다

전치사: ~에게

3 선생님께서 수업을 할 때, 학생들은 모두 잠을 자고 있습니다.

老师 讲课 的时候, 学生们 都 在 睡觉。

Lǎoshī jiǎngkè de shíhou, xuéshēngmen dōu zài shuìjiào.
선생님 강의하다 ~할 때 학생들 모두 잠을 자다

부사(진행): ~하는 중이다

> '讲'은 청중에게 말을 하는 것이기 때문에 수업이나 회의 등 특정한 상황에 주로 사용해요.

上司 shàngsi 몡 상사 | **讲话** jiǎng//huà 통 이야기하다, 말하다 | **先** xiān 뷔 우선, 먼저, 앞서
道理 dàolǐ 몡 도리, 이치, 규칙 | **故事** gùshi 몡 이야기 | **重要** zhòngyào 혱 중요하다 | **老师** lǎoshī 몡 선생님
讲课 jiǎng//kè 통 강의하다, 수업하다

1 빈칸에 공통으로 들어갈 수 있는 단어를 고르세요.

- 他最近 ⬜ 困难了。
- 我今天在路上 ⬜ 了李娜。
- 我是第一次 ⬜ 这种情况的。

① 见到　　② 看到　　③ 遇到　　④ 看见　　⑤ 遇见

2 단어를 배열하여 문장을 완성해 보세요.

我 / 帮 / 你 / 能 / 的 / 吗 / 忙　　당신은 나를 도와줄 수 있습니까?

⟶ _____?

3 다음 중 '带'의 의미가 <u>다른</u> 것을 고르세요.

① 我今天没<u>带</u>手机。　　　　② 你<u>带</u>了多少钱?
③ 他又忘<u>带</u>钱包了。　　　　④ 我这周末<u>带</u>你去游乐园玩儿吧。
⑤ 我每天都会<u>带</u>湿巾。

*游乐园 놀이공원

4 빈칸에 들어갈 알맞은 단어를 써 보세요.

这个行李箱我 ⬜ 不动。　이 여행 가방 저는 못 들겠어요.

5 빈칸에 들어갈 알맞은 단어를 고르세요.

一美元 ⬜ 多少人民币?
1달러는 런민비로 얼마입니까?

① 换　　② 还　　③ 花　　④ 用　　⑤ 发

6 밑줄 친 단어의 한어병음으로 옳은 것을 고르세요.

> 把书还给我。
> 책을 나에게 돌려주세요.

① huān   ② huán   ③ hái   ④ hǎi   ⑤ hài

7 빈칸에 들어갈 가장 알맞은 단어를 고르세요.

> 我很 [　　　] 韩国传统文化。
> 나는 한국 전통문화를 잘 알고 있습니다.

① 知道   ② 明白   ③ 关心   ④ 认识   ⑤ 了解

8 단어를 배열하여 문장을 완성해 보세요.

我 / 你 / 觉得 / 喜欢 / 王伟　　　나는 왕웨이가 당신을 좋아한다고 생각합니다.

⟶ _____ 。

9 빈칸에 들어갈 알맞은 단어를 고르세요.

> 我 [　　　] 去中国留学。
> 나는 중국으로 유학 가기를 원합니다.

① 愿意   ② 需要   ③ 觉得   ④ 应该   ⑤ 得

10 다음 중 '讲'이 들어갈 자리로 알맞은 것을 고르세요.

> _A_ 我 _B_ 经常 _C_ 给女儿 _D_ 故事 _E_ 。
> 나는 자주 딸에게 이야기를 들려줍니다.

① A   ② B   ③ C   ④ D   ⑤ E

01-10과

1   ③, ⑤
2   我家附近没有药店。
3   ③
4   ⑤
5   她跟张丽借雨伞了。
6   他送了我一件衣服。
7   ②
8   ②
9   ④
10 ①

11-20과

1   ③
2   ①
3   ⑤
4   1) 能 2) 会
5   我可(以)不可以请假?
6   我们应该给孕妇让座。
7   ③
8   ①
9   ③, ⑤
10 我昨天晚上学习到了十点。

21-30과

1   他不给我他的照片。
2   ④
3   ③
4   ⑤
5   ②
6   ②
7   我决定明天去图书馆借书。
8   ①
9   ④
10 你来我公司找我吧。

31-40과

1   ⑤
2   ④
3   ④
4   这儿像冬天一样冷。
5   ⑤
6   ②, ⑤
7   他正站着吃饭呢。
8   ④
9   ①
10 ③

41-50과

1   ②
2   ④
3   他把我的手机弄坏了。
4   ①
5   ④
6   ②
7   ⑤
8   ②
9   孩子不需要买票。
10 ①

51-60과

1   ③
2   你能帮我的忙吗?
3   ④
4   拿
5   ①
6   ②
7   ⑤
8   我觉得王伟喜欢你。
9   ①
10 ④

어휘 색인

다락원 홈페이지 및 콜롬북스 APP에서
MP3 파일 다운로드 및 실시간 재생 서비스

지은이 윤예람
펴낸이 정규도
펴낸곳 (주)다락원

초판 1쇄 발행 2020년 1월 3일

기획·편집 한송이, 이상윤
디자인 김교빈
조판 최영란
녹음 중국어 박용군
     한국어 권영지

다락원 경기도 파주시 문발로 211
전화 (02)736-2031 (내선 250~252 / 내선 430~439)
팩스 (02)732-2037
출판 등록 1977년 9월 16일 제406-2008-000007호

정가 13,000원
ISBN 978-89-277-2269-4 13720

www.darakwon.co.kr
다락원 홈페이지를 방문하시면 상세한 출판 정보와 함께 동
영상 강좌, MP3 자료 등 다양한 어학 정보를 얻으실 수 있습
니다.